よくわかる臨床心理学

第二版

わたし−あなた−人間理解

山口 創 著

川島書店

第二版にあたって

このたび，『よくわかる臨床心理学』の第二版が出版の運びとなり，感慨深い想いである。初版が出てから10年以上も経過し，世の中の臨床心理学への期待や注目は当時とは比較にならないほど高まった。

この10数年のあいだに，うつ病など心を病んだ人は急速に増え，また子どもに対する虐待や，アタッチメントの問題も増えている。

同時に，診断基準であるDSMも改訂がくり返され，より的確なものに改訂された。

また心理療法の技法も進化している。行動療法の第三世代といわれるマインドフルネスも効果が実証されて急速に広まっている。第二版では紙幅の都合で増やすことはできなかったが，いずれその辺りのやり方も紹介したいと思っている。

第二版では，第3章に限り大幅に改訂し，最新の心の問題について取り上げて紹介することとした。

世の中で臨床心理学が注目されるようになるにつれ，関連する書籍も大量に増え続け，一般の人々の心の病気に対する知識も増えてきた。ただし，専門的な書籍は増えているが，一般の人でもわかる概論書は多くはないのが実情である。

　本書が心理学を専門としていない人や，臨床心理学の入門書として広く読まれることを願っている。

　2016 年 9 月

　　　　　　　　　　　　　　　　　　　　　　　　山 口 　創

はじめに（第一版）

「最近の日本人はどこかがおかしい」と思う。日本人の心の問題は毎日のようにニュースや新聞に流れています。記憶に新しいトピックとして思いつくだけでも「幼児虐待」，「キレやすい少年たち」，「17歳の少年による犯罪」，「いじめ」，「不登校」，「アダルトチルドレン」，「援助交際」，「ストーカー犯罪」，「中高年のうつや自殺」などです。

これまで日本人は，経済的に豊かになって何でも手に入るようになれば，人は幸せになれると信じて働いてきました。しかし，それが次々に実現されるようになって喜んでいたら，思いがけない問題が次々に現れてきてしまいました。それは心の問題です。もちろん日本だけの問題ではありません。日本は「アメリカに追いつけ，追い越せ」の精神でがんばってきたために，アメリカで起こっている問題までもそのまましょいこんでしまったのです。このような心の問題の解決のために，最近では臨床心理学が注目を浴びるようになってきたわけです。

この本は，これから臨床心理学を勉強しようとしている人たちに，できるだけわかりやすいことばで，日常の事例なども多く用いて，わかりやすく解説したテキストです。本の中ではできるだけ最近話題になっている問題を多くとりあげるようにしましたし，日進月歩の研究分野もできるだけ最新の研究を紹介するようにしました。また筆者自身が大学生のころに漠然といだいていた疑問でもあるのですが，「心理療法は本当に効くのかな？」とか「心理療法とカウンセリングはどう違うの？」といった素朴な疑問もとりあげて解説してみました。心理療法には非常に多くの学派がありますが，この本では特定の考え方や学派に捉われることなく，できるだけどの学派も対等な立場で解説しました

（つもりです）。臨床心理学をこれから専門的に学ぶ前の段階として，幅広く基礎を固めるためのテキストとして活用していただければ幸いです。ただ，最後の第6章だけは，臨床心理学の知識をある程度もつ大学院生や，臨床の現場でカウンセラーや教師としてはたらいている方々にも読んでいただきたいと思っています。

2001年春

著　者

目　　次

第二版にあたって

はじめに（第一版）

第1章　臨床心理学とは ……………………………………………………1
　第1節　臨床心理学の研究方法 …………………………………………2
　第2節　正常と異常 ………………………………………………………3
　　1．統計的基準 …………………………………………………………3
　　2．価値的基準 …………………………………………………………4
　第3節　適応と不適応 ……………………………………………………4
　　1．自然適応 ……………………………………………………………6
　　2．社会的適応 …………………………………………………………6
　　3．心理的応用 …………………………………………………………7
　　◇考えてみよう① ……………………………………………………8

第2章　臨床心理学の周辺の理論 ………………………………………9
　第1節　性格 ………………………………………………………………10
　　1．性格の構造 …………………………………………………………10
　　　1）フロイトの理論　10
　　　2）ユングの理論　12
　　2．性格の自己認知と他者認知 ………………………………………13
　　3．性格の歪み …………………………………………………………14
　　4．性格の状況論 ………………………………………………………16
　　5．親子関係と性格 ……………………………………………………18
　　6．性格は変えられるか ………………………………………………19

第2節　性格の類型論と特性論 ……………………………21

　　1．類型論 ………………………………………………21

　　2．特性論 ………………………………………………24

第3節　心の発達 ……………………………………………24

　　1．フロイトのリビドー説 …………………………………24

　　2．ピアジェの認知発達理論 ………………………………26

　　3．エリクソンの心理社会的発達理論 ……………………28

　◇考えてみよう② …………………………………………35

第3章　心の問題 ……………………………………………37

第1節　心の問題の分類──DSM とは ……………………38

第2節　神経性発達障害──乳幼児期・児童期・思春期の問題 ………39

　　1．特殊的学習障害（SLD）…………………………………39

　　2．注意欠陥／多動性障害（ADHD）………………………41

　　3．自閉症スペクトラム障害（ASD）………………………44

　　4．反応性愛着障害 ………………………………………49

　　5．摂食障害 ……………………………………………52

第3節　成人以降の問題 ……………………………………55

　　1．気分障害 ……………………………………………55

　　　1）うつ病　55

　　　2）双極性障害　58

　　2．不安障害 ……………………………………………59

　　　1）恐怖症　59

　　　2）パニック障害　59

　　　3）外傷性ストレス障害　63

　　3．統合失調症 …………………………………………64

　　4．人格障害 ……………………………………………68

　　　1）境界性人格障害　69

5.　犯罪・非行 ……………………………………………………………… 73

　　1)　犯罪と精神障害　73

　　2)　犯罪者のパーソナリティ　74

　　3)　非行少年の性格　74

6.　心身症 …………………………………………………………………… 75

　　1)　心身症になりやすい性格　78

　　2)　子どもの心身症　79

　　3)　成人の心身症　80

◇考えてみよう③ ……………………………………………………………… 84

第4章　心理アセスメント ……………………………………………………… 87

第1節　心理検査法 ……………………………………………………………… 88

1.　質問紙法 ………………………………………………………………… 89

　　Y-G 性格検査（矢田部・ギルフォード性格検査）　90

　　MMPI（ミネソタ多面式人格目録検査）　91

　　MPI（モーズレイ性格検査）　91

　　EPPS 性格検査　91

　　TEG（東大式エゴグラム）　92

2.　投影法 …………………………………………………………………… 93

　　ロールシャッハ・テスト　94

　　主題統覚検査（TAT）　94

　　P-F スタディ（絵画欲求不満テスト）　95

　　バウムテスト（樹木画テスト）　96

　　SCT（文章完成法テスト）　97

　　DAP（人物画テスト）　97

3.　作業検査法 ……………………………………………………………… 98

　　内田―クレペリン精神作業検査　98

4.　知能検査法 ……………………………………………………………… 99

　　ウェクスラー式知能検査　100

　　　　WAIS-R 成人知能検査　100

　　　　田中・ビネー式知能検査　101

　　5.　テストバッテリーを組む …………………………………101

第2節　心理検査法以外のアセスメント ……………………………102

　　1.　観察法 ………………………………………………………102

　　2.　面接法 ………………………………………………………105

　　　1)　調査的面接法　105

　　　2)　臨床的面接法　107

　　3.　実験法 ………………………………………………………107

第3節　子どもの心理アセスメント ………………………………108

　　1.　方法に基づく分類 …………………………………………109

　　　1)　総合検査──分析検査　109

　　　2)　直接検査──間接検査　109

　　　3)　診断検査とスクリーニング検査　109

　　2.　内容に基づく分類 …………………………………………112

　　　1)　運動・感覚・反射　112

　　　2)　精神発達　113

　　　3)　知能　115

　　　4)　性格　118

　　3.　子どもに対するその他のアセスメント …………………120

　　　1)　遊戯面接　120

　　　2)　場面観察　121

　　◇考えてみよう④ …………………………………………………121

第5章　心理的問題に対するアプローチ ………………………………123

第1節　心理療法の分類 ………………………………………………124

第2節　心理的問題に対するアプローチ ……………………………125

　　1.　精神分析療法 ………………………………………………125

　　　1)　パーソナリティの力学　125

　　2）　神経症論　126

2．クライエント（来談者）中心療法 ……………………………………128

　　1）　クライエント中心療法の特徴　128

　　2）　クライエント中心療法の基本　129

　　3）　治療の目標　131

3．行動療法 ……………………………………………………………………131

　　1）　レスポンデント条件づけ（古典的条件づけ）　132

　　2）　系統的脱感作法　133

　　3）　オペラント条件づけ　135

　　4）　観察学習（モデリング）　137

　　5）　行動論的セルフコントロール法　138

　　6）　主張訓練法　140

4．遊戯療法（プレイセラピー） ……………………………………………142

　　1）　遊戯療法の理論的立場　142

　　2）　対象と限界　143

　　3）　設備　143

　　4）　遊具　143

5．動作法 ………………………………………………………………………147

　　1）　おまかせ脱力　148

　　2）　形づくり　151

　　3）　魂を入れる　153

6．交流分析 ……………………………………………………………………154

　　1）　自我状態の分析　154

　　2）　交流分析　155

　　3）　ゲーム分析　157

　　4）　脚本分析　158

　　5）　ストローク　159

　　6）　値引き　160

　　7）　人生の基本的態度　160

　　8）　交流分析の目的　161

7．家族療法 ……………………………………………………………161

   1）システムズアプローチの基本的な考え方　163

   2）システムとは何か　164

   3）治療の概略　166

8．認知療法 ……………………………………………………………167

   1）認知療法とは　167

   2）認知モデル　171

   3）認知のアセスメントと適用範囲　172

   4）治療　172

◇考えてみよう⑤ ……………………………………………………173

第6章　心理療法におけるカウンセラーとクライエント ……………175

第1節　心理療法の効果はいかに ……………………………………176

  1．心理療法の効果とは ………………………………………176

   1）プラシーボ効果　176

   2）自然治癒　178

  2．心理療法の効果を比べてみる ……………………………179

第2節　カウンセラーとクライエント ………………………………180

  1．良いカウンセラー・悪いカウンセラー …………………180

  2．治りやすいクライエント・治りにくいクライエント …………187

  3．良好なクライエント−カウンセラーの関係を築くために ………189

第3節　科学としての心理療法にむけて ……………………………191

◇考えてみよう⑥ ……………………………………………………192

文　献 ……………………………………………………………………195

人名索引 …………………………………………………………………203

事項索引 …………………………………………………………………205

あとがき

《トピックス》

1. 心理療法とカウンセリング …………………………………………5

2. エディプス・コンプレックス（父親が理想の恋人？）…………11

3. シンデレラ・コンプレックス ………………………………………17

4. ピーターパン・シンドローム ………………………………………23

5. 青い鳥症候群 …………………………………………………………25

6. 家庭内ストックホルム・シンドローム …………………………29

7. 夢分析 …………………………………………………………………32

8. ミュンヒハウゼン症候群──病気をねつ造する人たち …………46

9. ストレスと心の健康①：ストレスの種類と症状 ………………60

10. ストレスと心の健康②：ストレス対処 …………………………70

11. ストレスと心の健康③：対人関係とストレス …………………76

12. 血液型性格検査は正しいか …………………………………………110

13. 笑い療法 ………………………………………………………………144

14. ボディワーク …………………………………………………………168

15. 非言語コミュニケーション …………………………………………182

16. 二重拘束メッセージ（ダブルバインド仮説）……………………188

第 **1** 章

臨床心理学とは

第1節　臨床心理学の研究方法

　まず，臨床心理学の研究の方法論について紹介しよう。臨床心理学と心理学の他の分野とでは，その研究方法に大きな違いがみられる。

　心理学はその歴史の中で，人の心をできるだけ客観的に捉えようと努力が重ねられてきた。そのため，外に表れている「行動」を心の表れであるとみなして，行動を重視してきた傾向がある。そのため，その良し悪しは別として，心理学で一般に用いられている方法は，人の行動について何らかの仮説を設け，集団を対象にアンケート調査や実験をしてデータを収集し，統計的手法を用いてデータを分析して，仮説を検証するというやり方である。つまり，人の心や行動の法則を「一般論」で理解するやりかたである。

　一方，臨床心理学の場合は，目の前にいる1人のクライエントを治すことが最大の関心事である。そのためには，一般的な集団の平均値を参考にするのではなく，そのクライエントが悩んでいる原因，過去の生活史，家族構成などについて詳しく知ることが必要となる。そしてそのクライエントに対してどのような心理療法をおこなったら効果があるのか，についてまとめていくことになる。

　このように臨床心理学は，一般の心理学の方法とはかなり異なる研究方法を用いてきた。そのため，これまでは臨床心理学を勉強する人にとって，統計的な知識や科学的方法論を知ることは，必ずしも必要ではないと考えられてきた（もちろん，行動療法的なアプローチのように，もともと基礎心理学から発展して，科学的なアプローチをとってきた治療法もあるが）。このように，基礎心理学と臨床心理学は方法論の上で深い溝があり，それは臨床心理学の誕生以来，これまでずっと続いてきた歴史がある。

　ところで臨床心理学には，「アートの部分」と「サイエンスの部分」があるといわれる。アートの部分とは，職人的・芸術的な部分である。つまり，学問的な研究はさておき，自分独自のやり方でクライエントを治してしまうセンス

のようなものである。一方サイエンスの部分では，科学的で実証的な方法で，アセスメント（心理査定）や治療効果の査定も厳密におこなっていく。そして，事例に基づき仮説をたてて，データを収集し，仮説の検証をおこない，モデルを作るなどの方法で，ある症状全体の理解と，最善の治療技法について明らかにしていく。

　またこれまでの臨床心理学は，外国から輸入した既存のモデル，つまり自らが信奉する学派の考え方から抜け出ることはなく，それぞれのカウンセラーが自分の信奉する学派の理論に基づいてクライエントのアセスメントや治療をおこなってきた経緯がある。

第 2 節　正常と異常

　臨床心理学では「心の病気」や「異常な行動」といった判断は，どのようにするのだろうか。ここでは統計的基準と価値的基準の 2 つの基準について紹介しよう。

1．統計的基準

　統計的な基準とは，「ある集団の平均値を基準に，そこからの逸脱の度合いが増すと異常である」とする考え方である。たとえば知能の場合，IQ（知能指数）が 100 前後が平均となるため，それよりも低すぎても高すぎても異常ということになる。

　そのため，この基準だけを当てはめると，多数の人々が備えている特徴をもっていれば正常であり，少数派は異端視されることになりかねない。たとえばこの基準でみた場合，中学生や高校生の多くが近視であることから，近視であることが正常であるといったおかしなことになってしまう。このように統計的基準だけにしたがって判断することには問題がある場合もある。

2. 価値的基準

　ある価値観に基づいて，正常か異常かを判断するやり方である。この基準にしたがえば，知能指数が平均より際だって高くても，異常であるとは判断されないことになる。また，正常な視力があることが望ましいため，近視も健康な状態が損なわれたことになり，治療が必要になる。さらに，同じ行動や考え方をしても，ある文化では望ましい行動とみなされるが，別の文化ではマナーやルール違反としてみられることにもなる。

　実際にある行動が正常かどうかを判断するには，これらの基準を総合しておこなうことが重要である。しかし，心の問題についてはこれらの基準だけで判断するのは限界がある。たとえば，一見誰とでも仲良くしているように見える人が，内心では人と接することに不安や恐怖といった苦痛を味わっていることもある。あるいは逆に，本人はなんの苦痛もなく自由奔放に振る舞っている行動が，周囲の人たちに迷惑をかけている場合もある。臨床心理学では，これらどちらの場合も問題があるとして，心理療法で治す必要がある。ただ，前者の場合はクライエントの治りたいという動機づけがあるため治療はやりやすいが，後者の場合はクライエントの心理的苦痛がないため治療への動機づけが低く，治療が難航するケースが多い。

第3節　適応と不適応

　適応（adjustment）とは，「正常―異常」の次元とは異なり，「ある環境の中で調和をとって生きていくこと」である。そしてそれがうまくできない場合を不適応（maladjustment）という。適応は以下の3つの種類にわけることができる。

《トピックス・1》

心理療法とカウンセリング

臨床心理学では，「心理療法」，「カウンセリング」，「精神療法」などの似たようなことばがよく出てくる。また「カウンセラー」や「セラピスト」ということばも聞く。これらはどこが違うのだろうか？

「心理学辞典」によると，必ずしも決まった区別はされていないようであるが，大きく分けると以下の考え方がある。

(1)　**両者を区別する立場**：「カウンセリング」はもともと教育の分野から生まれ，「心理療法」は精神病理の分野から生まれた。そのため，両者の考え方は基本的に異なるとする立場である。つまり「カウンセリング」は「教育」や「相談」の側面が強く，「心理療法」は病気の「治療」といったニュアンスがある。したがってアメリカでは，カウンセリングをおこなう「カウンセラー」の養成と心理療法（サイコセラピー）をおこなう「サイコセラピスト」の養成とは異なる機関でおこなわれる。

(2)　**両者を同一概念として扱う立場**：さまざまな立場の人々の共通した理解としては，今日この両者を明確に区別することは難しくなっている。

日本ではそれほど厳密な区別はされていないが，(1)のように両者を区別して使っている人が多いのではないだろうか。

一方，「カウンセリング」や「心理療法」が主に臨床心理学を学んだ人たちがおこなうのに対して，「精神療法」は「精神科医が用いる心理療法」といったニュアンスがある。精神科医は薬を処方できる点や，病気を理解するために，脳の神経伝達物質の異常といった生物学的な理解をする点が，臨床心理学からの理解とは異なる。これまでの精神医学では，薬の処方に重点がおかれてきたため，心理療法やカウンセリングは必要ない，あるいはやってもやらなくても同じ，といった程度の扱いしかされてこなかった。しかし現在では，心理療法の効果も客観的に測定されるようになってきたことや，心理療法家と精神科医がお互いに得意な点を生かしながら連携してクライエントを治していこうとする傾向がでてきた。そこで精神科医でも薬を処方するだけでなく，心理療法も同時におこなうことが多くなってきたといえる。

1. 自然適応

　暑い夏にクーラーの効いた部屋で1日中過ごし，冷たい飲み物ばかり飲んでいた結果，体がだるくなったり風邪をひいてしまったりしたことはないだろうか。いわゆる「夏バテ」の症状であるが，このような症状はクーラーが存在しない時代にはなかっただろう。春から夏にかけて徐々に暑くなっていくことに体が慣れていったからである。また，最近増えているアレルギーやアトピー性疾患も，あまりに清潔志向の生活や何らかの化学物質が体内に蓄積された結果，昔から自然にあったものに適応できなくなったのだと考えられている。自然適応とは，自然を受け入れ，自然に従い，しかも自然に飲み込まれてしまうことなく，生きられることである。

2. 社会的適応

　人間は社会的な動物であり，1人で生きていくことはできない。集団の1員として生きていくためには，そこには暗黙のルールや文化的な規範が存在し，それに従って生きていかなければならない。このようなルールにしたがって，周りの人たちとうまくやっていくことを社会的適応という。社会的不適応に陥ると，対人関係に支障が生じ，その社会やグループから逸脱し，孤独に陥ることになる。あるいは周囲の人たちから冷たくあしらわれたり，イジメを受けたりする場合もあるだろう。グループ内のルールや，文化的規範といったものは，グループや社会によって実にさまざまである。そのため，ある文化では普通に受け入れられていた行為が，別の文化ではまったくの異常な行為であると受け取られることもある。

3．心理的適応

　社会的適応は社会の基準に適応することであるが，心理的適応は「自己の基準に適応すること」である。ロジャース（Rogers, C.）によると，心理的不適応とは，自分がこうありたいと願う自己（理想自己）と，現実の自分（現実自己）との間に乖離がある状態であるとされる。そのため，カウンセリングの目的の1つは，この乖離をできるだけなくし，あるがままの自分を受け入れ，自己一致をはかることであるとされる。

　たとえば，一見友達も多く，誰とでもうまくいっている人がいるとしよう。しかし，心の中では，「自己主張ができず，いつもニコニコして他人に合わせているだけの自分なんて大嫌い」，と悩んでいる場合もある。このような状態は「過剰適応」とよばれ，社会的基準には適応しているものの，心理的には適応していない状態であるといえる。

―――― 考えてみよう① ――――

研究計画批判

　下の2つの研究計画には，それぞれ重大な誤りがみられる。どの部分が誤りだろうか。また，正しい研究計画にするためには，どのように正したらよいだろうか。

　〔1〕　ある心理学者は，不登校の原因を捜し求めていた。彼は不登校になった生徒のグループ（68名）と，学校に通っている生徒のグループ（80名）に対して「自尊心検査」を受けさせた。2つのグループの平均年齢や男女構成はほぼ同じであった。「自尊心検査」の得点を2つのグループで比べた結果，不登校になったグループの得点は，学校に通っているグループの得点よりも有意に低いことをみいだした。そこで彼は，「自尊心が低いことが不登校の原因の1つである」と結論を下した。

＊

　〔2〕　臨床心理学において，精神病は遺伝によるものか，あるいは環境によって引き起こされるのか，という議論がある。ある「環境主義者」は，精神病の親と一緒に住んでいる子どもは，のちに親と同じ精神病になるだろうという仮説をたてた。この仮説を検証するため，彼は1,000人の精神病の成人と，1,000人の健常者を対象に，片親あるいは両親が精神病であるかどうかをさかのぼって調査した。その結果，健常者では精神病の親に育てられたのは1% 以下だったのだが，精神病の成人ではその割合いは30% であった。この結果から彼は，「精神病は遺伝によるのではなく，精神病の親に育てられるという幼少時の体験によるのだ」という結論を下した。

＊考えてみよう① の解答は36ページに掲載。

第 **2** 章

臨床心理学の周辺の理論

　臨床心理学は他の心理学とも密接なつながりをもっている。そこでここでは臨床心理学を学ぶ上で理解を助ける重要な考え方について，「性格心理学」，「発達心理学」，「社会心理学」など，臨床心理学以外の分野について紹介しよう。

第1節　性　格

1．性格の構造

1）フロイトの理論

　フロイト（Freud, S.）は，パーソナリティの構造を 3 つの部分からできていると考えた（図 2-1）。最も根本にある部分は「イド（id）」または「エス（Es）」という。これは人間の内にある無意識的で自然的な本能のことである。つまり，自分の意志でコントロールすることの困難な原始的な部分であり，苦痛を避け，快楽を追求する「快楽原則」に従うとされる。

　その上部にあるのが「自我（ego）」である。これは現実をよく調べ，合理

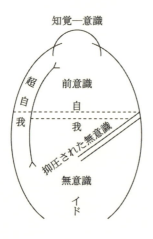

図 2-1
フロイトの心的構造

的な反応をし，イドの欲求と現実とをうまく調和し適応することを目指す部分である。したがって，自我は「現実原則」に従う。現実原則とは，欲求を満たす現実の対象が見いだされるまで，イドのエネルギーが発散されるのを延期または断念させ，現実との折り合いをつけることである。

　最上部にあるのが「超自我（super-ego）」である。超自我は両親の躾を通して，パーソナリティの中に組み込まれた道徳心や良心をさす。現実的なものよりも理想的なものを，快楽よりも完全性を志向する。その機能は，イドの性的あるいは攻撃的な衝動を禁止すること，現実に妥協しがちな自我を道徳的なものに向けさせることや，理想を追求し完全を目指すことである。

《トピックス・2》

エディプス・コンプレックス（父親が理想の恋人？）

　フロイトの精神分析では，幼児期（3歳前後）の男の子は自分の母親に対して性的な関心をいだき，母親を独占したいと思うようになる。母親はこの時期の男の子にとって，理想の恋人なのである。そして自分の愛する母親の愛情を奪うライバル的な存在として父親に敵意を抱くようになり，父親と対立するようになる。しかし，父親が絶対的に強いことはわかっているため，父親に処罰され去勢されるのではないかという不安を抱く。これが「エディプス・コンプレックス（Oedipus complex）」であり，名前はギリシャ神話に由来する。

　これには陽性と陰性の2種類がある。「陽性エディプス・コンプレックス」は，男の子が母親に愛着を示して父親に敵意を抱き，女の子が父親に愛着を抱き母親に敵意を抱くことである。この場合は男の子は父親への敵意を抑圧して，強い父親と同一化するため男らしさを身につけていく。女の子の場合も母親と同一化して女らしくなる。

　その逆に「陰性エディプス・コンプレックス」は，男の子が父親に愛着を示して母親に敵意を抱き，女の子が母親に愛着を示し父親に敵意を示すものである。この場合は男の子は母親に同一化するため女っぽくなり，女の子は父親と同一化するため男っぽくなる。いつも口では「お父さんみたいな人は大嫌い」と言いながら，実際につき合う恋人はいつも父親のようなタイプであることはないだろうか。

2) ユングの理論

　分析心理学者のユング（Jung, C. G.）は，もともとフロイトの弟子であったが，フロイトとの考え方の違いから，独自の分析心理学の道を切り拓いた。ユングの考えでは，無意識の部分は「個人的無意識」と「普遍的無意識」の２つの層から成り立っている（図2-2参照）。

　個人的無意識とは，ある個人が普段意識している内容が忘れられたものか，あるいは嫌な出来事があったために，それを忘れようとして無意識の中に押し込めた（抑圧した）内容である。この部分は意識に達するほどの強さはもっていないが，心の中に残された感覚的な痕跡である。もう１つの普遍的無意識は，個人的無意識より深い層で，個人ではなく人類に，あるいは動物にさえ普遍的なもので，個人の心の基礎を形作っている。その中核になるのが「元型」である。

　元型とは，普遍的無意識の内容の中で共通した基本的な型であり，心の動きを安定させる。元型はもともとわれわれの心の内部に生まれつき備わったものであり，それによって行動や思考，感情のパターンが決まってくる。元型のはたらきは，意識ではコントロールできないし，ふだん意識することはない。芸術や神話，昔話の中に見いだすことができるものである。主なものは，自分で気づいていない自分の正反対の側面である「シャドウ（影）」，男性が男らしく

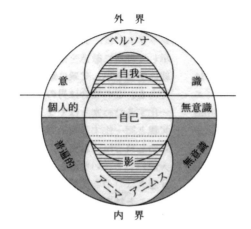

図 2-2
ユングの心的構造

振る舞うために抑圧してしまった女性的な部分である「アニマ」，女性が女らしく振る舞うために抑圧してしまった男性的な部分である「アニムス」などがある。

2.　性格の自己認知と他者認知

「自分は恥ずかしがり屋だ」と思っているのに，友達からはまったく逆の性格だと思われていた，というような経験はないだろうか。このような現象を説明するのに，「ジョハリの窓」とよばれるものがある（図 2-3）。これは私が「知っている」領域と「知らない」領域，他人が「知っている」領域と「知らない」領域の組みあわせで 4 つの領域からなる。

　まず，自分にも他人にもわかっている領域は「開放」の領域である。すなわち，「自分はこのような人だ」と自分で思っていることと，自分について他人が思っている部分とが一致している領域である。人の行動の 95% は無意識的な行動であるといわれるように，自分でした行動というのは，案外その理由はほとんどわからないものである。自分にはどのような行動傾向があるのか，どのようにしたらそれを変えることができるのか，などについて自分なりに把握

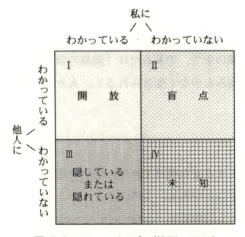

図 2-3　ジョハリの窓（柳原，1992）

し，ありのままの自分を他人にも知ってもらうような努力も必要だろう。つまり，「開放」の領域をできるだけ広くするように努力することが大切である。

次に，自分にはわからないが他人が知っている領域は，「盲点」の領域である。他人に指摘されてはじめて自分の行動の特徴に気づくこともある。「他人が思っている自分と本当の自分はどうも違っているようだ」と感じることもあるだろう。そのような場合，誤解されている原因を考え，本当の自分をわかってもらう努力も必要かもしれない。

次に，自分にはわかっているが，他人は知らない部分は，「秘密」の領域である。秘密をもつことは決して悪いことではないが，最近の研究では，自分のことを他人に自己開示することは心身の健康にとってよいことであることがわかっている。辛く苦しいことがあったら，人に話すだけでも心の浄化作用（カタルシス）が起こるので，すっきりして元気がでるということもある。

最後に自分も他人も知らない領域が「未知」の領域である。これは自分で意識できない無意識の領域であり，しかも表面に表れてこないため，他人にもわからない部分である。ある状況におかれたときに，「自分でもよくわからない行動をとってしまい友人も驚いた」といったような場合に表れてくる。普段からいろいろな状況に身をおいてみたり，いろいろな人と一緒に今まで経験したことのない行動にチャレンジしてみる，などの積極的な行動をすることで，この部分もしだいに明らかにすることができるだろう。

以上の4つの領域の中で，できるだけ「開放の領域」を広くすることで，自分自身生き生きと悩みも少なく生きられるし，人との関係も良くなるだろう。

3. 性格の歪み

日常生活では，さまざまな場面で自分の要求が通らなかったり，他人に心を傷つけられたりすることがある。このようなとき，自我を守るための心のはたらきが生じる。これを防衛機制（defense mechanism）という（表2-1参照）。たとえば，嫌なできごとがあったとき，それを心の奥底に封じ込めて忘れてし

表 2-1　主な防衛機制（前田，1985）

種　　類	内　　　　　容	意識のレベル	病的	健康者
抑　　圧	苦痛な感情や欲情，記憶を意識から閉め出す	抑制（禁圧）臭いものにフタ	○	△
逃　　避	空想，病気，現実，自己へ逃げ込む	回避 逃げるも一手	○	△
退　　行	早期の発達段階へ戻る，幼児期へ逃避	童心に帰る	○	○
置き換え（代理満足）	欲求が阻止されると，要求水準を下げて満足する	妥協する	△	○
転　　移	特定の人へ向かう感情を，よく似た人へ向けかえる		○	△
転　　換	不満や葛藤を身体症状へ置き換える	もの言わねば腹ふくるる	○	○
昇　　華	反社会的な欲求や感情を，社会的に受入れられる方向へ置き換える			
補　　償	劣等感を他の方向で補う	碁で負けたら将棋で勝て		○
反動形成	本心とウラハラなことを言ったり，したりする	弱者のつっぱり	○	△
打ち消し	不安や罪悪感を別の行動や考えで打ち消す（復元）	やり直し	○	△
隔　　離	思考と感情，感情と行動が切り離される（区分化）		○	
取り入れ	相手の属性を自分のものにする。同化して自分のものとする（取り込み）	相手にあやかる真似	○	○
同一視（化）	相手を取り入れて自分と同一と思う 自他未分化な場合は一次的同一化（→融合，合体）		○	○
投射（投影）	相手へ向かう感情や欲求を，他人が自分へ向けていると思う	疑心暗鬼を生ず	○	
合 理 化	責任転稼	いいわけ	○	△
知 性 化	感情や欲動を直接に意識化しないで，知的な認識や考えでコントロールする	屁理屈	○	△
逆　　転	感情や欲動を反対物へ変更する（サド→マゾ，のぞき→露出，愛→憎）		○	
自己への反転	相手へ向かう感情や欲動を自己へ向けかえる（対象物→自己愛，対象への攻撃→自己攻撃）	天に向かってツバを吐く	○ ○	
自己懲罰	罪悪感を消すために，自己破壊的な行動をする	罪滅し，つぐない	○	
合　　体	相手にのみこまれる，象徴的な同化（融合）	一心同体となる	○	△
解　　離	人格の統合が分離してしまう		○	

○……用いられる。　△……用いられる場合もある。

まおうというような心のはたらきが生じるが，これを「抑圧」という。また，嫌なことがあったときに，それに立ち向かう代わりに，できるだけ関わらないように逃げてしまったり，あるいは空想の世界に逃げ込んでしまうものを「逃避」という。さらに，夫が会社のストレスから逃れるために，家では妻に対して子どものように振る舞うといったように，幼児期に逃避する場合を「退行」という。「赤ちゃん返り」＊も退行の一種である。その他，好きなアイドルに憧れているが，自分にはそのような夢がかなわないために，その歌手が着ている服装や格好を真似て満足する「同一視」や，自分が相手のことをひどく嫌っているのに，逆に相手が自分の事を嫌っているのだと思う場合を「投影」という。これらの無意識の心のはたらきは，誰にでも起こるものであるが，病的な場合にしか表れないものもあるので注意が必要である。

＊赤ちゃん返り：弟や妹が生まれたために，これまで自分に向いていた親の愛情や関心がそちらに向いてしまうことがある。そこで年齢の低い段階の行動に戻ることで親の愛情を取り戻そうとする心のはたらきが生じる。たとえばトイレット・トレーニングのできた子どもが，再びおねしょをするようになる。

4．性格の状況論

　これまで人の性格はその人の内に存在して，安定しているものと考えられてきた。しかし，このような考え方は最近になって疑問視されている。たとえば，友達のＡさんは，私と一緒にいるときは，いつも落ち着いていて，おとなしい性格だと思っているとする。しかし，Ａさんは恋人と一緒にいるときは，ひどくわがままで，家では親に反抗し，親の手を焼かせているかも知れない。Ａさんは二重人格なのだろうか？　そうではない。性格の状況論（Mischel, 1968）の考えによると，人の性格はそのときにその人がおかれた状況から引き出されてくるものである。つまり人の性格は，状況に応じていろいろな

面が出てくる多面的なものである，と考えられる。したがって，「友達の A さんはいつも大人しい」といった場合，「私と一緒にいる」といった状況が A さんの大人しさを引き出しているのであり，私は A さんの大人しい面しか知らないだけなのである。同様に，恋人と一緒にいるといった状況は，A さんのわがままな面を引き出すのである。

　また，同窓会などで 10 年ぶりに友達と再会したとしよう。そのときも，誰もがすぐに 10 年前の友達に囲まれて，昔の自分に戻ってしまう。そのため，昔と違った行動などとれるはずもなく，皆同様に，「昔とちっとも変わってないなあ」と感想を言い合うのである。

　これまでの性格の考え方は，病気との関係で性格を捉えようとしてきたため，性格をその人の内面にあって固定したものであると考える方が都合がよかった。しかし，統計的な手法が発達して，人の行動を説明する要因を分析してみると，その人固有の固定した部分というのは意外にも少ないことがわかり，状況の影響が大きいことがわかったのである。

《トピックス・3》

シンデレラ・コンプレックス

　「シンデレラ姫」のストーリーのように，いつか王子様がやってきて自分を幸せにしてくれるに違いないと待ち望んでいるのを，シンデレラ・コンプレックスとよぶ。

　女性がステキな男性との出会いを夢見るのは当然のことといえるが，この場合は，自分の幸せを男性に託している。自分の幸せを自分で見つけようとせず，ただひたすら依存を願っている。

　男尊女卑の時代ならともかく，女性の社会進出がめざましい今の時代に，シンデレラ・コンプレックスをもつのは，おそらく性格の弱さだろう。また，活躍する女性が多いからこそ，目立ったことのできない女性が「王子様さえ見つかれば」という気になってしまうということもあるだろう。

5. 親子関係と性格

親子関係のあり方は，子どもの性格に非常に大きな影響を及ぼす。サイモンズ（Symonds, P. M.）は，親の養育態度と子どもの性格についての研究をし，図2-4に示すように，親の養育態度を，「保護―拒否」，「支配―服従」の2次元に分類した。それぞれの養育態度によって，子どもの性格は以下のようになりやすい。

(1) 民主型：素直，親切，独立的，協力的，社交的
(2) かまいすぎ型：幼児的，依存的，忍耐力や責任感の欠如
(3) 甘やかし型：甘えん坊，わがまま，内弁慶
(4) 無視型：人の注意を引こうとする，愛情を求める，攻撃的，反社会的
(5) 残忍型：神経質，従順，子どもらしさの欠如

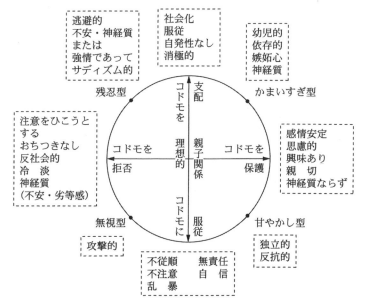

図 2-4 親の養育態度と子どもの性格 （宮城，1985）

（6）矛盾型：落ち着きがない，疑い深い，ひねくれ，判断力の欠如

　これらの傾向は，このような養育態度で育てれば必ずそのような性格になるというのではない。父親と母親の養育態度の違いや，兄弟関係，一緒に暮らす祖父母の影響など，2人として同じ環境というものはないので，一般的な傾向であると考えてほしい。なおサイモンズは，理想的な養育態度とは，これらのどの態度にも傾かない中庸型であるとした。実際に自分の両親の養育態度を分析してみよう（「考えてみよう1」参照）。

　一方，母親や父親が長期入院をしたり，事故で死別したりして子どもが施設で育てられた場合，子どもにはどのような影響がでるのだろうか。スピッツ（Spitz, 1946）は，長期入院をしたり施設に預けられている子どもを調査した結果，施設では栄養面でも衛生面でも通常の子ども達と同じように十分満足のいく内容であったにもかかわらず，ボタンかけや，トイレット・トレーニングといった基本的な生活習慣が遅れたり，情緒面や知的な面，対人関係の面で障害がみられることを明らかにした。これをホスピタリズム（施設病）という。子どもは，身体にとって十分な栄養が必要なように，心にとっては親からの十分な愛情を必要としているのである。

6.　性格は変えられるか

　「お酒を飲むと人が変わる」とか「運転すると別人のようだ」といったように，場面によって性格が変わる人は多いだろう。しかしたとえば，「コンパだから普段より明るくしなくちゃ」と思って一生懸命明るく振る舞ったとしても，コンパが終わったあとはどっと疲れてしまうようなこともあるだろう。性格のモデルに，図2-5のような層構造モデルがある。中心部から「気質」，「幼児性格」，「学習性格」，「役割性格」の順に外側を覆っている。まず「気質」とは，第1次性格といわれるように，人の性格の最も核になる部分であり，ほとんど親からの遺伝によって決まる。たとえば，新しい刺激を好むとか，活発であるかどうか，普段から明るい気分か暗い気分か，などを決める。それ以外の

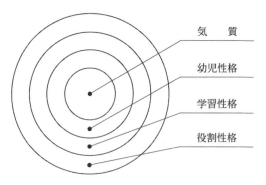

気　質

幼児性格

学習性格

役割性格

図 2-5　性格の層構造（詫摩，1971）

部分は第2次性格といわれ，後天的に学習された性格である。まず「幼児性格」とは，幼児期に形成される性格である。

　「三つ子の魂百まで」ということわざがあるが，心理学的にも，人の一生にとって幼児期までに主に親子関係によって作られた性格は，ほとんど一生変わることがないほど大きな意味をもつのである。

　その外側には「学習性格」がある。この部分は，その後の友人関係やいろいろな環境でさまざまなことを経験し学習することによって形成される部分である。そして最も外側にあるのが「役割性格」である。「性格」という用語は英語ではパーソナリティ（personality）であり，その語源はギリシャ語のペルソナ（persona），すなわち「仮面」を意味している。たとえば1日のなかでも，親と話すときには「子ども」の仮面を，先生と接するときには「生徒」の仮面を，恋人の前では「かわいい彼女」というようにいくつもの仮面をつけ替えて，その役割を演じている。このように外に表れた役割としての振る舞いを，役割性格とよぶ。

　上述した性格の層構造モデル（図2-5参照）によると，第1次性格は変わりにくいものであり，第2次性格は変えられると考えられている。そして第2次性格の中でも，円の外側にあるものほど変えやすく，幼児期に学んだものほど変化しにくいと考えられている。確かに，乳幼児期に親との関係の中で作られた性格は容易には変えることはできない。十分に母親に愛されず，甘えられな

かった経験は修正することはできない。しかし，たとえば母親からもらえなかった愛情を，学校の先生や恋人からもらうことができたら，心の欠落を埋めることもできるだろう。あるいは，カウンセリングによって心の傷が癒されるとしたら，性格の歪みも修正されるだろう。大切なことは，「自分の過去は死んだ過去ではなく，現在と未来にわたって生き直すことができる過去である」ということである。

　また，心の健康を保つためには，演ずる「役割」をできるだけ自分の理想に近づけ，しかも多くの役割をもつのがよい。人の性格は，演ずる役割によって変わってくるものである。たとえば，「人前で積極的に行動したい」と思う人は，率先して学級委員や何らかの委員をしてみるのも役に立つ。

　さらに，演ずる役割を多くもつということは，「生きる世界」をたくさんもつということである。もし 1 つの世界でつまずいてうまくいかなくなっても，その他に生きる世界を多くもつほうが，心の負担が小さいからである。たとえば，学校と家の 2 つの世界しかもたない人が，学校で友達とうまくいかなくなってしまったとしたら，その負担は 2 分の 1 である。しかし，学校と家以外にもサークル，アルバイト，ボランティアなどの多くの世界をもつ人にとっては，もし学校でうまくいかなくなったとしてもその負担は 5 分の 1 に過ぎない。

第 2 節　性格の類型論と特性論

　心理学では，人の性格はどのような方法で理解してきたのだろうか。理解の仕方について，大きく 2 つにわけることができる。

1.　類型論

「太っている人は陽気な人が多いが，やせている人は陰気で神経質そうだ」

22

表 2-2　クレッチマーの3つの類型と体型（宮城，1985）

体　格　型	気質型	気　質　の　特　徴
細長型	分裂気質	①　非社交的，静かで内気，きまじめでユーモアがない，変わりもの。 ②　臆病，はにかみや，敏感で神経質，傷つきやすく興奮しやすい，自然や書物を友とする。 ③　従順，お人よし，温和，無関心，鈍感，愚鈍。
肥満型	躁うつ気質	①　社交的，善良，親切，温かみがある。 ②　明朗，活発，ユーモアがある，激しやすい。 ③　寡黙，平静，柔和，気が重い。
闘士型	てんかん気質	①　ゆうずうのきかないかたい感じで，非常にがんこである。 ②　事物に熱中し，一度はじめたことを粘り強くやりぬく。徹底的である。 ③　興奮すると夢中になり，自分が押さえきれなくなり，怒りやい。 ④　正義感が強く，不正直なことや曲がったことに対してはきびしい。義理がたい。 ⑤　几帳面で秩序を尊重し，対人関係では，ていねいすぎるぐらいていねい。とかくものごとを堅苦しく考え，手際がわるい。

と思ったことはないだろうか。

　ドイツの精神医学者のクレッチマー（Kretschmer, E.）は，精神科医としての臨床経験をもとにして，体型と特定の精神病の間に関連があることに注目した。それは，精神分裂病の患者の体型は細長型が多く，躁うつ病の患者には肥満型が多いというもので，それぞれの性格傾向を「分裂気質」，「循環気質」と名づけた。ここで注意しておきたいことは，これらの概念は病気の問題とはまったく関係がないことである。つまり正常者と病気の人との差は，このような性格傾向の「度合い」の問題ではなく，「質的に違う」ものであることに注意されたい。

　さて，分裂気質の特徴は，一般的に非社交的，物静か，控えめ，まじめといった特徴である。そして循環器質の特徴は，社交的，善良，親切，温厚である（表 2-2 参照）。その後のクレッチマーの研究では，てんかんと「粘着気質」の間に関連があることも認めている。粘着気質の特徴は，1つのことに執着して，変化したり動揺することが少ないことである。

　ただし，クレッチマーの類型論は現在の心理学ではその妥当性が疑われている。まず人間の性格について大ざっぱに3つに分類してしまうため，中間型がないことである。同じ太っている人でも，脂肪太りなのか，筋肉で太っているのかは問題にしていないのだ。また性格を環境との相互作用で形成されるものであるという視点がまったくないことである。そのため「ダイエットして体型が変わったら性格は変わるのか」といった批判があるのも当然だといえよう。

　その他には，ユングの類型論やシュプランガー（Spranger, E.）の類型論が有名である。ユングの類型論では，人の心のエネルギーが向かう方向から「外向型—内向型」に分類したものである。一方，シュプランガーの類型論では，人の価値観や職業の選択がパーソナリティの1つの類型を作り出すと考えた。どのようなものを重視するか（経済型，理論型，審美型，宗教型，権力型，社

《トピックス・4》

ピーターパン・シンドローム

　大人になればいろいろ責任も出てくるし，いっそのこと，いつまでも子どもでいられたら……。大人の社会に仲間入りできない男性心理を「ピーターパン・シンドローム」とよぶ。この名称は，ずっと子どものままでいる物語の『ピーターパン』に由来する。

　具体的には，12~18歳のころ，無責任，不安，孤独，性役割の葛藤，という症状があらわれ，18~20歳くらいで，これにナルシシズムと男尊女卑志向が加わり，ピーターパンの傾向になっていく。原因は，現代においては，子どもにまでストレスが及び，それに耐えきれなくなるため，といわれている。

会型）によって性格を分類する。たとえばお金を重視する職業に就きたい人は経済型，芸術を重視し芸術家に憧れる人は審美型と分類するのである。

2. 特性論

類型論がヨーロッパに生まれ，性格の普遍性を質的に把握する方法であるのに対して，特性論はアメリカで生まれ，性格の個人差を量的に把握するための方法である。特性論は，オールポート（Allport, G. W.）が研究を始めた。彼は人格を示すことばを辞書などを用いて 17,953 語を選び出し，それらをまとめていき，比較的少数の概念で性格特性を表現するという方法を用いた。これを進めてキャッテル（Cattell, 1963）は因子分析という統計的な手法を用いて，客観的なデータに基づいて性格特性を把握しようとした。特性論の長所は，一人ひとりの性格を多面的に細かく記述できることである。

第3節　心の発達

子どもの「体の成長」はすくすく育っていく様子が見て取れるが，「心の成長」はそのようにはわからない。しかし，ものの見方，考え方，感じ方など日に日に成長していることは言うまでもない。

ここでは，人の「心の発達」の視点から，代表的な発達理論について紹介しよう。

1. フロイトのリビドー説

フロイトは子どもの時期にも性的欲求（リビドー：libido）が未熟な形で存在し，その充足や処理の仕方がのちの心のあり方に影響を及ぼすと考えた。フロイトの発達段階理論は，人間の成長につれて快感を求める様式が変わってく

ることに注目して作られた。発達段階は以下の5つの段階を経るものと考えられている。

① 口唇期（0〜1.5歳）

この時間は，快感を得るための手段が口のまわりに集中しているため，母親の乳首を吸って空腹を満たすことで快感を得ようとする。もしもこれに満足できないと，指しゃぶりである程度満足させようとする。しかしこのリビドーが満足されないと，次の段階に移行することができない。これを「固着」という。この時期に固着すると，口唇期のなごりとして，大人になってから食べ過ぎ，飲酒，喫煙などの口唇性格になりやすい。

② 肛門期（2〜3歳）

この時期は，快感を得るための手段が口唇から肛門付近に集まるため，排泄の感覚によってリビドーを得ようとするようになる。この頃には身体的にも成長し，リビドーの欲求を満たすために合理的に判断しそのように行動するようになる。そのため周りの状況を客観的に認知して，合理的に行動することで，リビドーの欲求をより満たそうとするようになる。つまり目先の満足を得るよりも，我慢して満足した方が満足感が大きい場合には，目先の満足を我慢するようになる。またこの時期には母親から排泄などの躾を受けるようになる。し

┌─《トピックス・5》──────────────────

青い鳥症候群

　幸福の青い鳥を探し求めるエリート青年である。彼らは一流大学を卒業して，一流企業に就職したにもかかわらず，さしたる理由もないのに次々と転職をくり返し，職場を放棄する。

　特徴としては，母親が教育熱心であり，本人はその期待を裏切るまいと，ずっと素直な「イイコチャン」として育ってきた。また，わがままに育てられてきたため，新入社員なのに思い上がった横柄な態度を示したり，協調性に欠けたり，我慢して耐えることが苦手である。

かし母親が強制しすぎて排泄の躾がうまくいかない場合は反抗的になる。このように我慢や反抗を学ぶ時期である。このためこの時期に固着した場合は，将来，攻撃傾向が高まったり，出しおしみをしてけちな性格になる。また排泄すべき時に排泄せず，排泄すべきでないときに排泄することが固着すると，頑固で強情な性格になる。これらは肛門性格とよばれる。

③ 男根期/性器期（3～4歳）

排泄の躾ののち，快感を得るための手段は肛門から性器に拡大する。そして排泄時以外にもこの快感を得ようとして性器いじりをしたり，男女の違いにも興味を示すようになる。この時期には男児は母親に愛情を向けるが，そのことによって父親から攻撃を受けるのではないかと不安になる。そこで父親と同じ行動をすることで父親からの怒りを避けようとし，父親と同じ価値基準や社会的規範を取り入れたり（同一視），自分の理想像を頭に描いたりする。これが超自我の出現となる。もしもこれに失敗してリビドーが固着すると，不安のために気の小さい脅えた性格になる。

④ 潜伏期（4，5歳～11，12歳）

リビドーは抑圧されて表面的に表れなくなる。リビドーはスポーツや勉強に向けられるようになる。

⑤ 成熟期（14～16歳以降）

今までの各段階で身体の各部分ごとに発達してきたリビドーが統合される。体制化され組織的になり，異性を愛するエネルギーとなる。

2. ピアジェの認知発達理論

ピアジェ（Piaget, J.）は，認知の発達といった観点から発達段階の区分をおこなった。彼の理論の特徴は，子どもが理論的な判断をできるようになる過程について，自分の子どもを詳細に観察し，実験をおこなって作った理論であることである。

① 感覚運動期（0〜2歳）

この時期の子どもは，直接何らかの動作をすることによって外界とかかわっていく。そして自分の行動とその結果との関係に興味をいだくようになる。たとえば，ガラガラを振って音が出るのがわかると，何度も振って音を出す。また，この時期の子どもが玩具に手を伸ばしているとき，他の大人がその玩具を布で覆って隠してしまうと，すぐにその玩具が消えてしまったかのように振る舞うのが特徴である。幼児にとっては，目の前に見えないものは，この世に存在しないことと同じなのである。これは「ものの永続性」の概念がないからである。

② 前操作期（2〜7歳）

1歳半頃から言語を使用するようになった子どもの思考は大きな変化をとげる。言語は目の前にない物を象徴するからである。たとえば，「りんご」とい

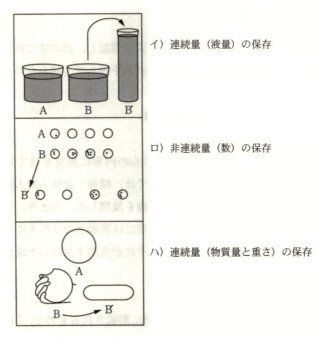

図 2-6　保 存 実 験（Bower, 1979）

うことばだけで，具体的な「りんご」をあらわすことができ，それについて考えることができる。このように前操作期の子どもは象徴的な思考をおこなうことができるが，その思考は十分に論理的であるとはいえない。たとえば，「保存の概念」はまだ獲得されていない。液体の保存を例にとると（図2-6），子どもに同じ形と大きさの2つの容器AとBに液体を入れて，量が同じであることを確認させる。次に，容器Bの液体を，より細い容器B'に移し替えて，比較させる。するとこの時期の子どもは，細い容器に移した液体の水面の高さに注目して，量が多いと判断してしまう。

③ 具体的操作期（7～12歳）

この時期になると，具体的に操作できるものに関しては，論理的思考ができるようになる。つまり，前操作期のように知覚に惑わされることも少なくなる。しかし，具体的な事象を離れると，論理的に思考することができなくなってしまう。

④ 形式的操作期（12歳以上）

成人と同様に，論理や命題をことばや数式で判断し，頭の中で操作して結論を導くことができるようになる。結果が現実と矛盾しても構わない。

3. エリクソンの心理社会的発達理論

フロイトのリビドーの理論では，人間の心の内界に焦点を当てたのに対して，エリクソン（Erikson, E. H.）の理論では，精神・身体・対人関係・社会文化というように多次元で人間を捉えて理論を展開した。つまり，子どもには子どもなりの，大人には大人なりの，高齢者には高齢者なりの人や社会との関わり方や解決すべき葛藤があるのであり，それが成功すれば心が成長し，失敗すればゆがんでいくという考えである。

① 乳児期：（基本的信頼 対 不信）

「基本的信頼」とは，誕生から約1年の間に形成されるもので，「自分は人に愛されている」（人への信頼），「生きていればいつかはいいことがある」（世の

中への信頼）などの信頼感である。これは無条件に母親から愛され大切にされることで形成される。そのためには，母親は子どもが泣いて何かを要求したときに，すぐにそれに応えて満足させ，子どものすべてを受け入れてあげることが大切である。このようにして基本的な信頼感を獲得した赤ん坊は，その後の人生でどんなに辛いことがあっても，希望をなくすことなく生きていくことができる。一方，「不信」を優位に身につけてしまった赤ん坊は，基本的に人や

《トピックス・6》

家庭内ストックホルム・シンドローム

　ストックホルム・シンドロームとは，憎んでいる人を好きになってしまう現象である。

　1973年にスウェーデンの首都ストックホルムで銀行強盗事件が発生した。逃げ遅れた犯人たちが銀行内に籠城したとき，なんと人質たちは犯人に対して実に協力的な態度をとったのである。仮眠中の犯人に代わって見張り役をかってでたり，犯人に愛を告白したりする女性が出現した。こうした，人質と犯人の奇妙な連帯感を「ストックホルム・シンドローム」とよぶ。日本ではあまり知られていないが，世界各国の人質救出マニュアルには「突入した時，人質が犯人をかばうことがあるので注意せよ」と書かれてあるほど有名な事柄である。

　なぜ，こんな理不尽なことが起きるのだろうか。それは，殺生権を持っている人を好きになってしまう方が生き残れる確率が高くなるからである。「尾を振る犬は撃てぬ」，というように，弱者が生き残るためには，たとえ嫌いでも好きになった方が有利なのである。命をつなぐためには，自分の心にウソをついても好きだと思い込ませるのである。そうすると意識の上では本気で好きになってしまう。

　これと同じことが家庭内でも発生することがある。子どもは親から見捨てられたら生きていけない絶対的弱者である。しかも子は親に対して愛されたいという弱みまで持っている。そのため多くの子どもは，親を憎む気持ちがあっても好きになる努力をしてしまう。こういう現象を岩月（1999）は「家庭内ストックホルム・シンドローム」とよんだ。これは特に，女の子が家庭内の絶対的な権力者である父親を好きになってしまう場合の心のメカニズムである。

世の中を信頼できず，「世の中には自分に敵対的な人ばかりだ」，とか，「生きていてもいいことはない」，といった感覚を身につけてしまうことになる。

② 幼児期：（自律性　対　恥・疑惑）

乳児期には赤ん坊は泣いて訴えれば，母親はその要求を満たしてくれたし，自分のことを愛情をもって受け入れてくれた。しかし，この時期には躾の問題がでてくる。つまり，お腹が空いて泣いても，時間がくるまではミルクをもらえなかったり，おむつを外すためにトイレット・トレーニングもするようになる。このように自分の要求と母親からの躾とが対立することになる。このとき，あまりに反抗して母親の愛情を失うことを怖れるあまりに，すべて母親の要求に従って従順になることがよいわけではない。自分の要求を出したり引っ込めたりできることが大切なのである。そこでこの時期には，人の気分を害しても自分の要求を通し，自己主張でき，なおかつ我を出し入れできる「自律性」と，自分は一人では何もできないという恥の感覚や，自分の能力に対する疑惑の感覚が自己を支配する「恥・疑惑」が対立することになる。この時期には，親は時には厳しく叱り，また誉めることで，子どもの自我をコントロールする感覚を身につけさせることが大切である。

③ 児童期：（自発性　対　罪悪感）

この時期は，子どもは他者との関わり，また周囲の大人や社会との関わりの中で，自我が大きく成長する時期である。子どもは気づかないうちに，友達や大人に迷惑をかけたり，逆に大人に叱られるのを怖れるあまりに，自分の行動を過度に禁止してしまうこともある。自分の要求を達成するために友達を支配しすぎて，ケンカが起きたりすることもあるだろう。しかし，この時期のケンカは互いにケガをしないかぎり，健全な主導性の発達を促すことになる。「自発性」とは，自分の欲求をコントロールしながら他者と関わることであり，「罪悪感」とはコントロールせずに要求を通すあまり，図にのって社会の規則を踏み外して叱られ，罪の意識をもつようになることである。

④ 学童期：（勤勉性　対　劣等感）

この時期になると，学校の生活は教科だけではなく，図工や体育などの技能

の修得に重点がおかれる。そこでは友達ができることが自分にはできずに屈辱感を味わったり，逆に自分だけができるために非常に喜びを感じたりすることもある。「勤勉性」とは，何かに熱中し，注意力と忍耐力で成し遂げることに喜びを見いだすことである。「劣等感」とは1つのことにうまくいかなかったために，「自分は何をしてもうまくできない」というように自信を喪失してしまうことである。何か1つのことでも，「自分は友達にはできないことを，がんばってできるようになった」，という経験はその後の人生にとって「自分はやればできるのだ」といった自信を与えてくれる。

⑤ 思春期：(同一性 対 同一性拡散)

　思春期になると，自己意識が高まり，内省する力もついてくる。すると誰しも「自分とは何か」，「自分は他人にどう見られているのだろうか」といった疑問を感じるようになる。そんな中で友達との関係も，これまでのように表面的な遊び友達といった関係から，内面をさらけだし，互いに悩みを打ち明けるといった，真の心の友達を求めるようになる。そのような中で，親友も自分と同じような悩みや不安を抱いていることがわかり，安心したりする。そして自分が何者であるかわかるようになり，自我同一性（アイデンティティ）が確立されることになる。「同一性」とは，どんな状況でも首尾一貫した自分をもち，自分が真に自己関与できる職業を選択できることである。一方，「同一性拡散」とは，自分自身についてわからず，自分が将来本当にやりたい仕事が定まらず，将来の見通しもたたない状態である。

⑥ 成人期：(親密性 対 孤立)

　この時期には，恋人とつきあい，どんな人と結婚したらよいのか，あるいはどんな仕事に就いたらよいのか，といったことを自分で決めなければならない。この時期の恋愛とそれまでの恋愛の異なる点は，それまでの恋愛では，一方的に相手を自分の理想に当てはめようとしたり，自分の思いどおりに相手を動かそうとしたり，現実離れした恋愛に憧れたり，外見だけで相手を選んだり，少しでも合わない所があるとすぐに別れてしまったり，といった未熟な恋愛だったといえる。しかし，成人してからの恋愛は，相手が自分とは異なる異

《トピックス・7》

夢　分　析

フロイトは夢は「現実では実行できない，人の無意識の欲望や願望を満たすもの」であると考えた。そこで直接的に表現することにためらいがあるので，巧みに偽装されて歪曲された形で表現される。歪曲される前の夢の内容は「潜在思考」，歪曲されたあとの夢は「顕在夢」とよばれる。

それに対してユングは，夢は「意識していない面を補償してくれるものである」というように肯定的に捉えた。つまり夢は普段は気がついていない事を無意識が注意し伝えてくれると考えたのである。たとえば予知夢は，無意識ではそうなるであろうということが解っており，それが夢に現れ実際に起こると考えられる。

夢には，どちらかといえば無意識の表層（意識に近いところ）から送られてきて，内容が現実的な生活に対応しており，意味がわかりやすい夢もある。しかし，無意識の奥から，忘れ去られていたはずの記憶や幼児体験がわきあがってくる夢もよくある。

それでは実際に夢を分析してみよう。

夢を見たら，まず，それはどんな場所だったか，時間帯がいつだったか，天候はどうだったか，登場人物は誰だったかなどを思い出そう。場所が職場や家庭なら，夢の内容もそれぞれ仕事や家庭に関係しているはずである。

夢が明るい昼間なら，意識の光がよくあたっており，本人が意識しやすい内容と考えられ，夕方や夜であれば，本人がまだあまり気づいていない，無意識的な内容であると考えられる。また，登場人物が知っている人なら，まず現実の相手との関係を考え，知らない人が出てきた場合は，その人がどんなイメージを持っていたかを考えてみよう。知らない人でも，どこか現実に知っている人に似たところはなかったか。そして，その人物が自分にとってどんな意味を持っているのかを考えてみよう。

夢の登場人物は，無意識の部分を偽装して表現される場合が多く，ユングはそれを下記のように分類した。

グレイトマザー（母なるもの）：生み出すもの，温かく育むもの，受け入れてくれるもの，優しさと生命力，大地や大海を表す。夢の中では自分の母親や祖母，おばさんなどとなって現れる。しかし，全てを保護し育む「よき母」と過剰な情愛によって束縛を強め全てをのみ尽くしてしまう「悪しき母」の二面性をもっている。

オールド・ワイズ・マン（老賢人，父なるもの）：祖父，おじ，上司，社

長，校長，先生，警察官，軍人など権威を持った人。秩序や善悪を指し示し，知恵を与え，その人の成長を導くもの。

ペルソナ（仮面）：誰もが社会生活や人間関係をスムースに運ぶためにかぶっている仮面。偽装された自分の姿を意識させるものとして衣服や装飾品などで強調された姿をしてあらわれる。

アニマ（男性の中にある女性性）：アニマを意識内に統合してゆこうとする試みは，ある意味で男性にその弱さの開発を強いるものである。強いばかりの男性は，支配し命令することはできても，他人との深い対等のかかわりを結ぶことができない。夢の中では恋人，異性の友人，異性の兄弟，姉妹となって現れる。

アニムス（女性の中にある男性性）：アニマとは対照的にロゴスの働きを体現しており，力強く行動的な男性像で，女性の精神に論理的な思考や合理性，決断力をもたらす。女性が，自らの意見や合理的な判断力を育てるときに必要になるのが物事を切断するアニムスの力（男性原理）である。夢の中では，父親的な男性やスポーツマン，俳優，有名なジャーナリストや学者，英雄，老賢人などさまざまな形をとってあらわれる。

シャドウ（影）：自分で気づいていない自分の影の側面。人はある側面は自分でも意識して発達させているが，ある側面は未発達のままである。ある部分に光があたっていれば，その反対側は影になる。「まじめ」に光があたっていれば，「ふまじめ」は影になる。影はこれまで発達させてこなかったけれど，これから伸びていく可能性のある側面である。あるときはまじめな側面を使えるようになり，あるときは不真面目な側面を使えるようになると，人生が豊かになり生きやすくなる。夢の中では，同性の友人，同性の兄弟，姉妹の姿になって現れる。

子ども（少年・少女）：エネルギーにあふれた存在で，これから育つ新しい可能性を意味している。夢にでてきたら，何か新しい可能性がうまれたということである。

セルフ（心全体の調和をつかさどる超越的なはたらき）：1つ上の視点で心をみるはたらきをする。夢では，曼陀羅図形で，円形，十字，四角など対照的な形としてあらわれる。これは心がバランスをとっている状態で治癒につながるが，不安定な心が必死でバランスをとろうとしてイメージを送ってくることも多い。再生能力や不老長寿のイメージもあり，神，女神，仏，釈迦，キリストなどもある。自分が神様になっている場合は，現実がみえず人間関係の中で浮き上がっている，ということである。

質な部分をもっているときに，それを尊重して愛おしく感じ，より深い部分で惹かれあう恋愛である。したがって，「思春期」の課題である「同一性」が獲得された者どうしでないと，このような恋愛は難しい。「親密性」とは，相手が自分と異なる存在であることを認めた上で，とくに異性との深い親密な関係を築くことである。一方，「孤立」とは，自分と異質な相手とつき合おうとはせず，自分の殻に閉じこもり一人で自分の関心のある活動にふけることをいう。

⑦ 壮年期：(世代性 対 停滞性)

この時期は，仕事も軌道にのり，家庭では子どもも順調に育っている時期である。職場では中間管理職の立場にあり，上司からの圧力と，部下からの突き上げの間におかれ，板ばさみ状態になることが多い。また家庭では，自分の親を介護しなければならず，同時に子どもの世話もしなければならないといった，やはり板ばさみの状態にある。「世代性」とは，親や指導者であることを受け入れ，次世代の世話や指導に関心をもち，それらを積極的にやっていこうとすることである。一方「停滞性」とは，それらのことに失敗し，次世代を育てることに関心がもてず，自分の仕事も停滞しマンネリ化し，やる気が低下する状態である。

⑧ 老年期：(統合性 対 絶望)

この時期は，仕事も定年退職し，いかに余生を生きるかの問題が生じる。「統合性」とは，死に直面したときに，これまでの人生にいろいろな後悔することは残るとしても，それを乗り越え，自分の人生の総まとめをしながら，残された人生に関心をむけていくことである。一方，「絶望」とは，自分のこれまでの人生の取り返しのつかないことをあれこれ悩み，しかも社会から追い出され，家族からはのけものにされて，自尊心が傷つけられ絶望的になることをいう。

━━━━━ **考えてみよう②** ━━━━━

○下のサイモンズの養育態度尺度を使って，自分の性格を，親の養育態度との
　関係から分析してみよう。

サイモンズの養育態度尺度

a.　父は私に対して暖かい…………………………………………（　）
b.　父は私の気持ちをわかろうとしている。………………………（　）
c.　父は何かにつけて私の行動に口をはさむ。……………………（　）
d.　父は何かにつけて自分の考えを押しつけようとする。…（　）
e.　母は私に対して暖かい…………………………………………（　）
f.　母は私の気持ちをわかろうとしている。………………………（　）
g.　母は何かにつけて私の行動に口をはさむ。……………………（　）
h.　母は何かにつけて自分の考えを押しつけようとする。…（　）

＊項目 a，b の両方に○がついた場合，父親は「受容」，それ以外の場合には
「拒否」と判定する。また，項目 c，d の両方に○がついた場合，父親は
「干渉」，それ以外は「放任」と判定する。母親の場合も同様で，項目 e，f
によって「受容─拒否」を，また項目 g，h によって「干渉─放任」を判定
する（Symonds, 1939）。

◎〈考えてみよう①〉の解答

〔1〕 結論の「自尊心が低いことが不登校の原因の１つである」の部分が誤りである。もしかすると，不登校が原因で自尊心が低くなったのかもしれない。このような２つの変数の単なる「相関関係」を「因果関係」として解釈してしまうミスは，多くの人がおかしやすいミスである。統計で使われる相関係数は，２つの変数の間に関連があることを示すだけの指標である。２つの変数の因果関係まで明らかにしたい場合は，あらかじめ条件を統制した実験をおこなうなどの方法を用いなければならない。なお，２つのグループの人数の違いは誤りではない。人数の違いは統計的に補正されるので問題はない。

　この研究で因果関係まで明らかにしたいとしたら，どうすればよいだろうか。そのためには，まず大学の入学時に一斉に「自尊心検査」を実施しておき，数年後に不登校になったグループと学校に通っているグループとで，その入学時の得点を比較すればよい。２つのグループの間に有意な差がみられれば，自尊心の低さが不登校の原因であると考えられる。

＊

〔2〕 遺伝と環境の問題については，これまで多くの議論がなされてきた。最近では，「遺伝子のはたらきは，環境次第で強まりも弱まりもする」といったように，遺伝と環境の両者を考える考え方が有力である。最新の研究では，遺伝子はひとりひとりの子どもの個性の大枠を決めるだけで，乳幼児期の経験が子どもの性格を大きく左右することがわかってきた。

　さてこの研究では，「精神病は遺伝によるのではなく，精神病の親に育てられるという幼少時の体験によるのだ」という結論が誤りである。精神病者が精神病の親に育てられた割合が30％だとしても，遺伝の影響は無視できない。遺伝なら100％子どもも精神病になるだろう，という考えも誤りであるのは，先に述べた「遺伝も環境も」という立場からわかるだろう。

　この研究で遺伝の影響か環境の影響かを明らかにしたいとすれば，どうしたらよいだろうか。心理学者がよく用いる方法の１つに双生児法というものがある。一卵性双生児の兄弟を比べるのである。一卵性双生児の兄弟のうち，１人が精神病でもう１人が精神病でないとしたら，その精神病は環境の影響を多かれ少なかれ受けているといわざるをえない。それは，一卵性双生児の兄弟は，遺伝的には100％同じであるといってよいからである。２人の兄弟が同じ家庭で同じように育てられているとしても，２人に対する親の接し方や，２人が身をおく環境も少しずつ違っており，まったく同じということはない。そのような環境の違いが２人の差を生み出したと考えられる。しかし，100％環境の影響だとはいえないことは，先に述べた「遺伝も環境も」という立場からわかるだろう。

第 **3** 章

心 の 問 題

第1節　　心の問題の分類——DSM とは

　ここでは，人が成長・発達していく中で起こる，さまざまな心の問題や障害について，具体的にどのような種類のものがあるのか，その原因と特徴について紹介しよう。

DSM とは

　こころの病気の診断基準には，大きく2つの考え方がある。1つは病気の原因によって分類しようという考え方と，もう1つは病気の症状によって分類しようという考え方である。原因によって分類しようとする場合，心の問題は人によっても，また学派によっても大きな考え方の違いがあるので，統一した基準を作るのがほとんど不可能になってしまう。たとえば対人恐怖の人の原因を，過去の母子関係に問題があったに違いないと主張する人と，脳の生理学的な異常があるのが原因だと主張する人とでは，どこまでいっても平行線をたどることになるだろう。そこで，いろいろな考え方の人がいるにしても，そういう考え方の違いを乗り越えて，皆が合意できる基準を作ろうということで，症状を記述して分類するというやり方が採用されることになった。

　アメリカ精神医学会では1952年から，「精神障害の診断・統計マニュアル（DSM : Diagnostic and Statistical Mannual)」を出し，改訂をくり返してきた（APA, 1994)。この診断法は各国で利用されているが，第2版以降，「神経症」という項目が削除されたことが大きな特徴である。そして第3版（DSM-Ⅲ-R）では，従来は神経症と分類されていたものが「不安障害」，「身体表現性障害」，「解離性障害」などに再分類されている。現在では第5版が使われている。以下では，年齢順に子どもの問題から大人に多い問題まで順を追って説明していく。

第 2 節　神経性発達障害──乳幼児期・児童期・思春期の問題

　小児の時期に診断される障害として，発達障害の名で知られてきたが，DSM 第 5 版では，神経発達障害と名称が変更された。

1.　特殊的学習障害（SLD：Specific Learning Disorder）

　知能は低くないのだけれど，なぜか「算数だけはどうしてもできない」などといった子どもは昔からクラスに 1 人はいただろう。昔はこのような子は病気だとは考えられていなかったのだが，最近では 1 つの病態として考えることでしだいに全体像が明らかになり，治療法も開発されてきた。LD の障害像が最も明確になるのは学齢期に入ってからであり，乳幼児期に LD の確定した診断をすることは困難である。

◇

《症状》

　SLD の特徴は，ほとんどの場合，知能には何ら異常はみられないが，読み，書き，算数，会話，運動などの特定の領域の能力が著しく遅れていることである。通常，脳の器質的異常は発見されない。また，障害像が多様であり，子どもによってあらわれる障害像が異なっている。

　さらに，個人内の発達が不均衡であり，ある分野の知識は非常に膨大であるのに，ごく簡単なことがわからなかったりすることがある。多くみられる症状として，話しことばの発達の遅れ（始語が遅れる，語彙が少ない，表現が稚拙など），社会的認知の障害（他者の表情や身ぶりや感情の理解が困難），対人的相互交渉の困難（一方通行的な行動やことばが見られる），空間認知（ものの左右，方向，地理的関係の理解）の障害，協応動作の障害（手先が不器用など），選択的な注意の障害（目につくものに次々に反応してしまう），多動（動

き回って落ち着かない），固執（一定の場所，行動，やり方などに極端にこだわる），衝動性（情緒不安定など）である。

《援助》

SLD は学習の非効率性のことである。SLD 児は通常の子どもに比べて同じ情報を処理する能力に障害があるのである。決定的な援助方法はまだ開発されていないが，平山（1993）の「環境対話法」が参考になる。そのポイントを紹介しよう。

1. 環境情報への「気づき」

情報に対して気づけないでいることが多い。情報を選別したり，子どもが興味・関心をもてる情報を準備する。

2. トーヌスの「リラクゼーション」

トーヌスとは，表情・態度・言語に関わっている筋群であるが，この筋群が過度に緊張すると環境への関わりも不的確となる。したがって，筋緊張場面でのリラクゼーションが不可欠となる。

3. 身体およびその動きへの「気づき」

環境と関わっているのは身体である。具体的には，ことば，顔の表情，手・指の動き，下肢の動き，姿勢の変化の５つを単独あるいは複数用いて環境と関わっている。したがって，自分の身体およびその動きに「気づき」，環境との関わりで調整する能力が求められる。そこでは，身体およびその動きをイメージする能力，コントロールする能力，身体の部位やそれらの位置関係を知るトレーニング，動きとそれを表現することばとの連合を目指す課題，役割演技および役割の交替による相手の立場の理解を目指した課題，などがある。

また SLD 児は，学校や友人関係の中で，さまざまな局面で失敗をしたり，他者と異なる行動をすることから，仲間からイジメの対象になることもあり，失敗経験から自信がもてず，情緒的にも不安定になりやすい。このような二次的な問題への対処も必要である。そのためには，教師にとっても仲間にとっても SLD の正確な理解が必要である。とくに教師が留意すべき点をあげよう。

(1)　あえて何らかの役を与えてクラスの前で発言する機会をもたせる。

(2)　その子がもっている能力（潜在能力でもよい）に着目し，他の子ども
と同等かそれ以上の能力に育てる。

(3)　失敗に対しては，その原因（欠点）を強調するのではなく，むしろ適
切なふるまい方を具体的にアドバイスする。

また，具体的な教科の学習については，以下のような工夫をするとよい。

〈計算の理解〉

(1)　具体的なモノを使って，数とモノの関係に置き換えて教える。

(2)　位取りの理解には，お金を使う。

(3)　「増える」「減る」といった概念を，子どもがわかることばに置き換え
る。たとえば，「増える」は「来る」「生む」「よぶ」「合体する」と，「減
る」は「消える」「行く」「帰る」というようにしてみる。

〈ことばの理解〉

(1)　ことばの理解のためには，実物を使ったり，実際に動作をさせたりし
て，経験と「ことば」，感覚と「ことば」を結びつけるようにする。

(2)　ことばの意味がわかるまでは，ことばを絵に置きかえた「絵ことば」
を使う。

(3)　書きことば（文章）の理解ができない場合は，話しことば（日常会話）
に代えて説明する。

2.　注意欠陥／多動性障害（ADHD：Attention Deficit/ Hyperactivity Disorder）

《症状》

読字，協応動作，言語，算数など特定の分野の遅れがあるといった LD と共
通した症状があらわれる場合もあるが，それらがあらわれない場合もある（図
3-1 参照）。学校では教師の指示に従うことができず，家庭では両親の要求に
従わないことが多い。行動は衝動的であり，情動不安定，かんしゃく持ちで怒

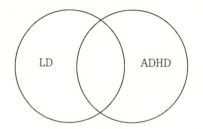

図 3-1
LD と ADHD の関係

りっぽいといった特徴がある。

　ADHD の主な特徴は以下の３つである。

(1)　不注意：不注意な過ちをおかす，注意が持続できない，必要な物をな
　　くす，注意がそれやすい，毎日の活動を忘れてしまうなどである。

(2)　多動性：手足をそわそわ動かす，自分の席にじっと座っていられな
　　い，走り回ったり高い所へ登ったりする，じっとしていない，しゃべりす
　　ぎるなどである。

(3)　衝動性：質問が終わらないうちに答えてしまう，順番を待つことが苦
　　手，他人にちょっかいを出すなどである。

　これら３つの特徴のうち，不注意のみの障害をもつ子ども（ADD）もいれ
ば，注意には問題がないが，多動性と衝動性の障害をもつ子どももいる。また
両方の領域に障害を示す子もいる。

《援助》

　行動修正や親へのカウンセリング，合併する学習障害の治療が必要である。
親へのカウンセリングでは，「寛大さは子どものためにはならない」というこ
とを両親に受け入れさせることが重要である。つまり，何度も指図や制限をく
り返し，それが守られなければ厳しい規則や罰則で行動の修正をはかり，我慢
を覚えさせることも必要である。また，放課後のスケジュールなどを自分で作
らせ，それらを書き留め全部見えるようにするなどの方法で，記憶にとどめて
おけるようにする。

学校において，教師が留意すべき点を紹介しよう。

1. 発達段階に応じて，具体的な援助をする

低学年では，子どもの障害をクラスの他の子に理解してもらうために，障害の説明をするよりは，「○○さん（障害をもつ子）はこんな気持ちなんじゃないかな」とか「○○さんはこういう言い方をすればわかってくれるよ」などと，本人の立場を代弁したり，援助の仕方を具体的に話したりすることが大切である。自分や相手を客観的に見ることができるようになる高学年以降では，相手の立場にたって考えることや，自分の生き方の問題として考えさせるなどの指導が有効である。

2. トラブルをプラスに生かす

学校の友達とのトラブルが起きた時などは，お互いの気持ちを伝え合うよい機会である。どのような気持ちのすれ違いからトラブルが起きたのかを検証していくことにより，相手の気持ちを確かめ合うことの大切さをお互いに学習していくことになる。ADHDの子どもには，対人関係でこだわりを示すこともある。1回で指導するというより，時間をかけて指導していく根気強さが求められる。

3. 個性を認める学級経営

人間は誰にも得意なこと，苦手なことがあるだろう。たとえば，走るのが得意な子どももいれば，計算が得意な子どももいる。つまり，人それぞれ個性があることを，折に触れ説明するようにする。

4. 仕事の分担

多量の仕事はわけて，少ない仕事にする。子どもは少ない仕事はできても，多量の仕事は苦手である。感情的に「僕にはできないんだ」といった反応でひるんでしまう。仕事をわけることで，子どもの情緒がへこむのを回避できる。

*

最近では，日本でもSLDやADHDの生徒を対象にした学びの場が増えている。たとえば，フリースクール・ライナス（神奈川県藤沢市）や，広域通信制高校（本部校；北海道芦別市）である。これらの学校では，SLDの生徒が

苦手な，数の概念を学ぶ「数の時間」などのプログラムがあり，生徒の特性や興味に応じて個別の学習計画をたてている。登校日は小中学校の出席日数に組み込まれる，などの配慮もされている。

3．自閉症スペクトラム障害（Autistic Spectrum Disorder，略称，ASD）

スペクトラムとは，連続体といった意味である。つまり自閉症，特定不能の広汎性発達障害などの疾患を，広汎性発達障害という連続体として捉えたもののことである。「自閉症」の用語から受ける印象から，「自分の殻に閉じこもっている」といった症状であると誤解されることが多いが，実際の症状とはかなり違うので注意が必要である。

映画『レインマン』や『自閉症だった私』といった本で一躍有名になった障害でもある。

《症状》

これまでは，自閉症は親の養育態度などの環境的な原因である，という考え方が主流だったが，現在では出生前後の中枢神経（脳）の機能の障害が原因であると考えられている。

子どもに日常的に関わる親や保育者が，「この子は自閉症かな？」と疑うきっかけは，たとえば乳児期からあやすのが難しく，抱いても身を反らしたりし，たいていの子は視線を合わそうとしないし，名前を呼んでも反応しなかったりするからである。つまり，自閉症の子は，人との相互作用に興味はないが，ごく一部の物には愛着がわくのである。自閉症傾向は5歳前後をピークとして，就学後はしだいに緩和されることが多いが，必ずしも対人関係や行動レパートリーの広がりに結びつかないで，むしろ自傷行動や常同行動のみをくり返すような傾向が非常に強いこともある。つまり成長するにしたがって，自閉的症状は安定し固定化され，障害の特徴が明確になってくる。

　専門家の間でも障害像はまちまちであり，同じ自閉症といっても，実際の子どもの姿は子どもによってかなり違っている部分もある。

　自閉症スペクトラムの診断基準としてローナ・ウィング（Wing, L.）らは次の3つを上げ，「三つ組の障害」と呼ばれている。

　1.　対人関係の形成が難しい「社会性の障害」

　愛着行動が乏しい（母親のあとを追ったり，しがみついたりしない）。

　2.　ことばの発達に遅れがある「言語コミュニケーションの障害」

　言語コミュニケーションに著しい遅れや歪みがある（ことばをまったく話さない，場面に無関係なことを話す，こちらが言ったことばをそのままくり返す）。

　3.　想像力や柔軟性が乏しく，変化を嫌う「想像力の障害」

　新しい環境を嫌う，いつも同じ行動パターンにこだわる。

《援助》

　まず社会性を伸ばし，行動のレパートリーを広げ，常同行動や自傷行動を軽減・除去することが考えられる。また発声を促すことや弁別力をつけるなどの言語，認知の発達の促進に焦点を当てることも重要である。この際，オペラント条件づけのような行動療法の技法（133ページ参照）を導入する場合も多く，常同行動や自傷の消去，認知訓練，言語の形成，生活習慣の訓練などに広く応用されている。

　次に，周辺的な問題や派生的問題の解決も重要である。たとえば，親が子の症状を問題と考えていない場合，まず親が問題を正確に把握するための援助をしなければ，症状の軽減を目指すことはできない。

　学校で教師が指導の際に留意すべき点を紹介しよう。

　1.　運動

　マット運動やボール投げ，水泳などの全身運動は得意なので，積極的に取り入れるようにする。また折り紙や粘土遊びなど手先を使うことは脳に刺激を与え成長に役立つ。これらの運動をしたあとで学習するようにすると，気分転換

《トピックス・8》

ミュンヒハウゼン症候群──病気をねつ造する人たち

　最近テレビなどでよく話題にされる病気である。世の中には病気になりたがる人たちがいる。誰からも相手にされないような孤独な人であっても，入院さえすれば治療のためにいろいろな人が話しかけてくれるし，面倒を見てくれるだろう。しかし，実際には体のどこも悪くないので，孤独感や寂しさを癒すために，嘘をついて病気のふりをするのである。

　ミュンヒハウゼン症候群とは，奇想天外な嘘をまことしやかに語ったり，入院するためにわざと症状を作りだして，バレるとすぐに逃げ出し，病院を次々と渡り歩いたりする人のことをさす。

　この病名は，ドイツ人の「ミュンヒハウゼン男爵」の風変わりな生き方に似ていることから命名された。この男爵は「ほら吹き男爵」とも呼ばれていた。戦争で嘘の手柄話や自慢話をしながら国中を旅して歩いたのだが，嘘をつきながら病院を渡り歩く重症の虚偽性障害の患者とよく似ていることから命名された。それ以来，ヨーロッパ各国や，アメリカ，インド，メキシコなど世界中で多数の症例が確認されている。

　それでは,このような「虚偽性障害」の人たちはどんな手口を使って医者を騙すのだろうか。まず騙しの手口として一番ポピュラーなのが，発熱である。検温の前に熱い飲み物を大量に飲んで体温を上げておいたり，体温計をこすって摩擦熱で温度を上げたりする。冬であれば暖房器具などを使って温度を上げる人もいる。しかし温度を上げすぎてしまい，50度とか60度とかいう，とんでもない体温が出現して，失笑をかうケースもあるようである。

　他には，尿検査の時に尿の中に砂糖を入れて糖尿病になったり，尿に卵白を混ぜて腎臓病になるという人もいる。医療に詳しい患者だと，カテーテルを使って卵白を膀胱に注入するという，手の込んだことをやる人もいるようである。さらに，大便を注射器で自分の血管に注入したり，インシュリンを注射して低血糖症を装ったりする。また金具などを肛門から入れ，腸の内部を傷付けて出血させたり，下剤を使って慢性的な下痢になるなど，入院するためなら何でもやる。自分の身を危険にさらしてでも病気になろうとする。

　これらの行動はすべて，心の寂しさを埋めるためなのである。「誰かにかまってもらいたい」，「誰かから世話をしてもらいたい」。そういう痛々しい

ほどの寂しさや孤独感を紛らわせるために病気を作り出すのである。彼らの周りには誰も本気で心配してくれる人がいないので、病院の人たちだけが頼りなのである。病気になりさえすれば、医者や看護婦が自分の世話をしてくれるし、優しい声をかけてくれるのである。

しかし、いくら嘘をつくのがうまいと言っても元々が本当の病気ではないので、検査や治療を続けるうちに、どうしても不自然な事や、矛盾した検査結果が出てきてしまう。嘘が通用しなくなると患者はすぐに他の病院に行き、また同じことをくり返す。患者は病人を演ずることで、かろうじて精神的なバランスを保っているとも言える。だから嘘だとわかったときに患者を激しく責めたりすると、それが引き金になって心のバランスが崩れ、精神病を発病するケースもあるようである。

彼らの騙しは、何も医療関係者だけを対象とするばかりではなく、日常の人間関係の中でも発生する。たとえば職場などで「自分がガンにかかっていることがわかった」などというような事を告白することがある。すると、その瞬間から人間関係がガラリと変わる。今まで冷たかった人も、急に優しい声をかけてくれたり、仕事の面でも、周囲の人が何かと気を遣って、優しく扱ってくれる。しかし、一度ガンであると嘘をついてしまうと、その後もずっとガン患者を演じ続けなければならなくなる。そこで、鏡を見ながら

自分で髪の毛を抜いたりして、抗ガン剤の副作用が出ているかのような演出をしたりする。このように目に見える形で症状が出てくれば、周囲の同情も、いやが上にも高まっていく。そして、本人はますます調子に乗って演技に熱が入っていく。やがてガンが進行して、仕事が続けられなくなり、周囲から暖かい同情と励ましのことばを受けながら職場を去る。その後は近所の人たちなどから、暖かい慰めのことばを得るために、積極的に地域の集まりなどに出たりする。そして、もっとたくさんの励ましのことばを得るために、ガンと闘う気丈な患者を演じたりする。すると、そのうわさが広がっていって、地元の新聞社が取材にきたり、テレビ局が取材に来たりして、たくさんの人々から注目されるのである。これも日常で起こった患者の一例である。

以上のように、自分が病人を演ずるというパターンの他に、自分ではなくて赤ん坊などの他人を病人に仕立てることで、間接的に周囲の人の関心を集めようとする人もいる。これはまだ正式な診断基準にはなっていないのだが、「代理人による虚偽性障害」（または代理ミュンヒハウゼン症候群）とよばれる。このような人たちは、自分を価値のある人間だと実感できない女性に多い。自分の子どもをわざと叩いたり蹴ったりしてケガを負わせ、そのあとで熱心に看護してあげるのである。子どもから必要とされる価値のある人

間でいたいのである。そのため，子ど
もの傷や病気が回復してくると，自分
の存在が必要でなくなる不安から，再
び子どもを虐待してまた熱心に看護す
る，というパターンを繰り返すのであ
る。

あるいは家族や社会に取り残されが
ちな女性にも多い。そんな女性が妊娠
や出産で多くの人に気遣われたり，子
どもの病気で人々の注目を集めると，
そのことが忘れられなくなる。そこで
子どもを病気に仕立て上げるのであ
る。その手口とは，たとえば，赤ん坊
の尿に砂糖を混ぜて糖尿病を装った
り，母親が自分の生理の血を混ぜて血
尿に見せかけたり，大便を赤ん坊に注
射したり，下剤を飲ませたりするので
ある。

しかしこの場合も，赤ん坊の症状が
不自然なことから，やがて疑いの目で
見られるようになる。さまざまな症状
で苦しんでいる赤ん坊を母親から離す

と，どういうわけか回復するのであ
る。

そこで隠しカメラなどを設置してお
くと，母親が赤ん坊に注射する場面が
映っていたりするわけである。これは
立派な幼児虐待ともいえる。もし，医
師などが母親の嘘を見抜けなかったよ
うな場合には，赤ん坊が母親の手で死
に追いやられてしまうこともある。こ
ういう母親にとって，赤ん坊の存在と
は，嘘をつくための道具にしか過ぎな
いのである。

このような虚偽性障害の人は，境界
性人格障害，あるいは病的に嘘をつき
続けるという点から，反社会性人格障
害も同時にもつことが多い。また，症
状を演ずるという点から演技性人格障
害も考えられるが，必ずしも派手な演
技をするわけではなくて，引きこもり
がちの，おとなしいタイプの人も多い
ようである。

になって集中しやすい。

2. 学習

ブロックの組み合わせを見せて，同じ形を作らせたり，字や絵を見せて同じ
ものを描かせるものまね学習は，学校で勉強するもとになる態度を身につける
のに役立つ。また，整理された場所で，自然に教材に視線が向いて気が散らな
いようにし，わかりやすい教材で学習をすすめるようにする。

3. ことばかけ

身ぶりでこちらの要求がわかるようになったからといって無言で指示してし
まうと，ことばが身につかなくなってしまう。また，かんしゃくを起こしたり

問題行動をしたときには，優しいが毅然とした態度をとって注意する。問題行動には必ず意味があるので，よく見て，きめ細かい指導プログラムをたてる。何か必要なのかをよく検討し，状況に合わせてプログラムを作るのが大切である。

○社会に出てからの仕事

自閉症児が成長して社会に出てはたらくことは可能である。ただし，自閉症の人は「できること，できないこと」，「得意なこと，不得意なこと」がはっきりしている。得意な仕事の3条件は次のものである。

1．仕事の終わりと目的がはっきりしていること

たとえば「掃除」は苦手なことの1つである。それは掃除は「きれいにすること」が目的であるが，どこからが「きれい」でどこまでが「きたない」かを線引きできないからである。したがって，「この部屋をきれいにしといてね」といった指示ではなく，「椅子を全部上げて，床をふいて，椅子を戻したらおしまいだよ」という形にすれば，仕事がしやすくなる。

2．形や量が決まっていること

たとえば部品の組み立てや，パンや荷物の梱包や仕分け分類，ワープロなどは得意である。それに対して，抽象的な概念などを扱う仕事は苦手なことが多い。

3．ことばや指示が単純であること

ことばだけの説明だと理解しにくい場合があるので，それを文字や絵で描かれた指示書にしたり工夫することで，仕事がしやすくなる。

4．反応性愛着障害

DSM-5では，トラウマとストレス因子関連障害というカテゴリーに分類される。

イギリスの精神科医ボウルビー（Bowlby, J.）は，乳幼児は恐怖や不安や親と距離が離れたときなどに，親に近づくことにより安全感を得ようとすること

に着目し，それは乳幼児に愛着のシステムが働いているからだと考えた。

　養育者の側はこのような乳幼児の愛着行動に対して，感受性をもってなだめることが適応的であるとされている。乳幼児はこのような感受性のある養育者との安全な愛着関係を繰り返し体験することにより，他者に対する安全感・安心感を獲得していくと考えられている。そのため主要な養育者との愛着の形成（愛着システムの健全な発達）は，乳幼児期の最も重要な心理・社会的発達課題の1つとされており，実際多くの実証的研究により愛着の形成が以降の発達に大きな影響を与えることが示されている。愛着形成が何らかの理由により重度に障害された乳幼児に，愛着障害（Attachment Disorder）が発症すると考えられている。

　ジーナーらのグループは反応性愛着障害を，選択的な愛着対象をもたない最重度の愛着の問題をもった乳幼児と考え，その一方で選択的な愛着対象はあるもののその愛着の質が極度に障害されている愛着障害を安全基地の歪みとして区別した。ここでは，DSM-5 の反応性愛着障害について説明していく。

《特徴》

　DSM-5 では，抑制型と脱抑制型の2つに分類している。

　抑制型の特徴は，対人的相互作用のほとんどで，適切な形で開始したり反応したりできず，過度に抑制され警戒したり，極度に両価的で矛盾した反応を示す。

　脱抑制型は，拡散した愛着で，選択的な対象に対して愛着を示す能力が著しく欠如している。たとえば，よく知らない人に対しての過度になれなれしく，無分別な社交性を示すという形で現れる。

《原因》

　DSM-5 の定義からも，安楽，刺激および愛着に対する子どもの基本的な情緒的欲求，基本的な身体的欲求が持続的に無視されたり，一次的な世話人が繰り返し変わることによって安定した愛着形成が阻害されることが病因とされて

いる。たとえば，養父母が頻繁に変わる，戦争などにより孤児になること，虐待・ネグレクト，などが具体的な原因として考えられている。

《経過と予後》

養育放棄および有害な養育を受けた期間と重症度，および成長不全などの関連する合併症に左右され，予後の幅は，死から健常発達まで広がっている。一般に，介入が早期であればあるほど，この障害は回復しやすい。

また，選択的愛着が発達的に現れる9〜10か月以降で，5歳未満に発症する。予後についての研究も非常に限られているが，この障害が愛着について最重度の問題であるため，乳幼児以降の心理・社会的発達の大きな危険因子であると考えられている。また無差別な社会性はのちに愛着対象が形成されたあともみられるとの報告がある。

《治療》

養育者との分離を含めた適切な養育環境の提供が必要となる。栄養不良やその他の医学的問題のために入院が必要となることもある。ハイリスクの家族にこの障害が発生しやすいために，包括的なアプローチも求められる。包括的介入には乳幼児−親治療，親個人への薬物療法や心理療法的アプローチ，家族療法的アプローチ，地域資源や社会福祉サービスの提供（家政婦や経済的支援の提供を含む）などが含まれる。これらの介入を通して，養育者が乳幼児の愛着行動に対して適切な感受性をもった養育をおこなえるように支援する必要がある。

《ASD との区別》

ASD では，一般に栄養不足はみられず，体格や体重は年齢相応であり，機敏で活発である。愛着障害とは異なり，家庭から離すことで急速に症状が改善するということはない。

《精神遅滞との区別》

精神遅滞では，精神年齢に相応の適切な対人関係能力と，健常発達児にみられるのと同様の発達段階を示す。

5．摂食障害（Eating disorder）

摂食障害には食事をほとんどとらなくなってしまう神経性無食欲症（AN：Anorexia Nervosa，拒食症），極端に大量に食べてしまう神経性大食症（BN：Bulimia Nervosa，過食症），そして「むちゃ食い障害（Binge-Eating Disorder）」という診断名も新たに追加された。

拒食症では，食事量が減る，低カロリーのものしか食べないことから体重が極端に減る，やせて生理がこなくなるといった症状がある。やせを伴わずに，過食嘔吐や下剤乱用がある場合などが過食症である。むちゃ食い障害は単純な食べ過ぎとは異なり，食事摂取の頻度と分量を自分の意思でコントロールすることができず肥満体型になる傾向があるが，過食症のような無理なダイエットや過度の食事制限，嘔吐・下剤乱用の代償行動などは見られない症状をいう。

摂食障害は，さまざまなストレスが要因となっていることも多く，周囲の人の理解やサポートがとても大切だ。

《症状》

拒食症は若い女性（12, 3歳から20歳の間に起こることが多い）に好発する障害で，自発的に食事をとらない結果，はなはだしいやせをきたすものである。病前は問題のない，いわゆる真面目で親や教師のいうことを素直に守る「イイ子」であることが多い。過保護で過干渉な母親に育てられイイ子として育った結果，正常な自我の形成にとって必要な，自己主張したり反抗したりするといった行動がほとんどなく，自我が未熟なまま成長してしまう。そのため思春期になってアイデンティティの混乱が生じ，ささいな契機をきっかけに，過度に大人に反抗的にふるまったりあるいは逆に親にべったりと依存的になっ

たりする場合もある。

　いわゆるダイエットとの違いは，過激で徹底的に不食をし，目標体重に達しでもさらにその目標をエスカレートしていく。身体的症状は，月経の停止，軽度の貧血，徐脈，低体温，皮膚の乾燥，うぶ毛の密集，便秘などがみられる。経過のパターンは，最初から不食の方向のみの食行動しか示さない者と，途中から過食を伴ったり過食に移行する者もある。

　BN は AN の経過中に不食と平行して出現することもあるが，その場合は過食症とよばない。BN の症状は，単なる大食いとなることではなく，本人にもコントロールできない「気晴らし食い」の発作に突然襲われることである。これは「発作」であるため，普通の「空腹」な状態とは異なる。通常の大人が食べる量の5倍も6倍も，一気に詰め込むように食べてしまうのである。

　この発作のすごさを示すエピソードとして次のようなものがある。

　「ある少女は空腹を満たそうと冷蔵庫を探したが，作れるのはホットケーキだけだった。襲ってくる食欲を抑えながら仕方なくホットケーキを作ろうと，小麦粉や牛乳，卵を混ぜたが，ついに我慢できず，トロトロしたホットケーキの生地をそのまま飲んでしまった」。この発作が起きると，大量の食べ物を短時間のうちに大量にむさぼり食うが，過食後には強く後悔し自分で喉に指を突っ込み嘔吐したり（自己誘発性嘔吐），大量の下剤を乱用する者もいる。

　心理面では，AN の患者がどちらかというと空元気を出しており，周りの者と打ち解けない態度を示すのに比べて，BN の患者は概して元気がなく，自信が乏しく，抑うつ的であり，周りの者と打ち解けやすい態度を示す。重症の場合は精神的にきわめて不安定になり，自己非難をくり返し，自傷行為，自殺企図，薬物乱用のような自己破滅的な行動を伴うこともある。

　身体面では，頻繁に過食発作を起こしているにもかかわらず，嘔吐や下剤のために，正常体重を維持していたりあるいは低体重であることが多い。低体重の場合は，習慣的に嘔吐しているためであり，胃液を吐き出すことがくり返されるので，血液中の電解質の異常が生じて心臓や骨格にも悪影響が出ることがある。また耳下腺の腫脹や，歯のエナメル質の腐蝕も起こる。

◇

《原因》

　摂食障害の原因としての心理的特徴と，摂食障害の発症後の患者に認められる心理的特徴は区別しておく必要がある。

　従来，否定的な自己評価あるいは低い自尊心（自己評価）が摂食障害と関係があり，強迫性パーソナリティ傾向や完ぺき主義が AN と関係があり，またとくに抑うつや不安などが BN やむちゃ食い障害の発症と関連があると報告されている。こうした心理的特徴が発症の危険因子のひとつとして考えられている。

　しかしながら，注目すべきは 1950 年代に米国ミネソタ州でおこなわれた，健康で若い志願兵に対する半飢餓研究である。半年で体重を平均 25％減少させる程度の食事制限によってもたらされた飢餓，あるいはその後の復食期の観察で，健康人においても飢餓によって抑うつ，不安，過敏性，易怒性，あるいは精神病的症状が出現し，自己評価の低下や強迫性の増強など，一般に摂食障害患者に特異的とされた心理的変動が認められた。したがって，摂食障害患者にみられる心理的特徴でもって，それを心理的要因だとすることには慎重でなければならない。これらはむしろ，病気の維持あるいは増悪させる因子として作用している可能性も考えられている。

○家族環境

　両親の別居や離婚など両親の不和，あるいは両親との接触の乏しさ，親からの高い期待，偏った養育態度も，病気の発症の原因であるといわれている。家族のダイエット，家族その他からの食事や体形および体重についての批判的なコメントなども病前の体験として，発症に関与している可能性が考えられている。

○遺伝的要因

　しかしこれらの心理・社会的要因が強いものは誰でも摂食障害となるわけではない。発症に至るのはそのうちのごく一部である。近年，摂食障害の発症のしやすさに遺伝的要因が重要な役割を果たしていることが家族内集積の研究や

双生児研究で示されてきた。AN や BN の発症にはそれぞれ異なった遺伝子が関与しており，AN の遺伝率は BN よりおおむね高いと報告されてきている。しかし，両者の間にも遺伝的関連が認められており，AN で発症しても途中でBN に病型が変わること（頻度は少ないがその逆もある），同一家族内に両方のタイプの患者がいることなどから，AN と BN はまったく異なった病気ではないようであることがわかってきている。つまり，AN と BN はそれぞれに関係ある遺伝子を有しているものの，まったく異なった遺伝的，環境的背景をもつ摂食障害ではなく，オーバーラップしたものであることが示唆されている。

第 3 節　成人以降の問題

1.　気分障害

1)　うつ病

《うつ病と抑うつ症状》

　気分の落ち込みや，やる気が起きないなどの心の不調は誰もが経験したことはあるだろう。このような単なる気分の落ち込みと，うつ病の違いを見分ける1 つのポイントは，「どのくらい長く気分の落ち込み（抑うつ状態）が続いているのか」という点である。

　ちょっとした気分の落ち込みなら，2，3 日もすれば回復するだろう。また旅行に行ったりして気晴らしをすれば，憂うつな気分が吹き飛ぶこともあるだろう。しかし，うつ病では憂うつな状態が 2 週間以上も続き，何をやっても「気が晴れる！」ということがない点が異なる（表 3-1 参照）。

　この病気は「心の風邪」ともいわれるほど，頻繁に誰にでも起こりうる病気である。うつ病は，何らかの過度なストレスが引き金になって起こることもあると考えられている。さまざまなストレスのうちで特に多いのは「人間関係からくるストレス」と「環境の変化からくるストレス」である。例えば「身近な

表 3-1 うつ病と抑うつ気分の違い

	うつ病（DSM-5）／大うつ病性障害*	抑うつ気分
症状	強い	
妄想	妄想的になることがある	
自殺	考えることがある	
日常生活	大きく影響され変化する	
状況からの影響	よいことがあっても気が晴れない	よいこと，楽しいことがあると少し気が晴れる
きっかけ	多くはきっかけがあるが，はっきりしていないこともある	はっきりとした誘因がある
周囲から見て	理解できないことが多い	理解できることが多い
持続性	長く続く	徐々に軽くなる
抗うつ薬	よく効くこと多い	効かないことが多い
仕事・趣味	まったく手につかない	やっていると気がまぎれる

* 『DSM-5精神疾患の分類と診断の手引き』日本語版用語監修：日本精神神経学会／監訳：
高橋三郎・大野　裕　医学書院，2014

人の死」や「リストラ」などの悲しい出来事だけではなく，「昇進」や「結婚」といった嬉しい出来事や環境の変化から起こることもある。しかし通常は長くても数か月のうちに，回復していく。

《症状》

　大きく，心の症状と体の症状がある。

　心の症状でよくあるものは，「抑うつ気分」と「意欲の低下」である。その

他にも，思考力の低下といった症状もあり，集中力がなくなったり，決断力がなくなったりする症状が現れやすい。

　さらに体の症状は，1つではなくいろいろな症状が現れることが多い。眠れないことに加えて，頭痛がする，食欲が出ないといった症状が多くみられる。そしてこのような症状があるにもかかわらず，いろいろな検査をしても原因がわからないということがよくある。

《抑うつの理論》

　抑うつに関する臨床心理学的研究は非常に多くの研究がおこなわれているが，それらは大きく2つの理論に分類することができる（坂本，1997）。

(1) 認知の歪み理論

　ベック（Beck, S. J.）やエリス（Ellis, A.）によって体系化された理論である。抑うつはクライエントのもつ信念体系の歪み（不合理な認知）によって引き起こされる。つまり，抑うつを引き起こす何らかの客観的な事柄が存在するのではなく，その「捉え方」や「ものの見方」が否定的に歪んでいることによって生じるのである。たとえば，「私は何をやってもダメなんだ」とか，「生きていてもいいことなんてないさ」といった考え方である。そこで治療では，クライエントのもつ不合理な考え方を変容させることを目標とする。

(2) 行動学的理論

　セリグマンとマイアー（Seligman & Maier, 1967）は，イヌを逃げることができないように縄で固定し，電気ショックをくり返し与えた。すると，縄を解いて電気ショックを避けられるような別の場面において電気ショックを与えても，イヌは回避することなくひたすら電気ショックを受け続けることを見いだした。これを学習性無力感（learned helplessness）とよぶ。人にも同様にこの現象が見られることがわかった（Hiroto, 1974）。つまり，無気力な状態に陥り，自分から何も行動を起こさなくなるという特徴は，苦痛な刺激そのものによって引き起こされるわけではなく，自分のおこなった反応が苦痛な刺激をコントロールできないことを学習した結果引き起こされるのであると考えられた。

2) 双極性障害

　双極性障害は，精神疾患の中でも気分障害と分類されている疾患のひとつである。うつ状態だけが起こる病気を「うつ病」というが，このうつ病とほとんど同じうつ状態に加え，うつ状態とは対極の躁状態も現れ，これらをくり返す，慢性の病気である。

　昔は「躁うつ病」と呼ばれていたが，現在では両極端な病状が起こるという意味の「双極性障害」と呼んでいる。なお，躁状態だけの場合もあるが，経過の中でうつ状態が出てくる場合も多く，躁状態とうつ状態の両方がある場合に双極性障害と呼ぶ。

　双極性障害は，躁状態の程度によって2つに分類される。
家庭や仕事に重大な支障をきたし，人生に大きな傷跡を残してしまいかねないため，入院が必要になるほどの激しい状態を「躁状態」という。一方，はたから見ても明らかに気分が高揚していて，眠らなくても平気で，ふだんより調子がよく，仕事もはかどるけれど，本人も周囲の人もそれほどは困らない程度の状態を「軽躁状態」という。

　一方，うつ状態に加えて激しい躁状態が起こる双極性障害を「双極Ⅰ型障害」という。うつ状態に加え，軽躁状態が起こる双極性障害を「双極Ⅱ型障害」という。　双極性障害は，精神疾患の中でも治療法や対処法が比較的整っている病気で，薬でコントロールすれば，それまでと変わらない生活をおくることができる。しかし放置していると，何度も躁状態とうつ状態をくり返し，その間に人間関係，社会的信用，仕事や家庭といった人生の基盤が大きく損なわれてしまうのが，この病気の特徴のひとつである。

　このように双極性障害は，うつ状態では死にたくなるなど，症状によって生命の危機をもたらす一方，躁状態ではその行動の結果によって社会的生命を脅かす，重大な疾患であると認識されている。

2. 不安障害

そもそも「不安」は異常な現象ではなく，自分に警戒を促すために人に備わっている能力の1つである。不安があるからこそ私たちは，危機に備えたり，危険を回避したりしやすくなる。しかし，その信号が過剰になったり，危険でないものにまで出されるようになったりすると，それは人が生活していく上での「障害」となってくる。そのような不安の信号の出方や受け取り方に不具合をきたしている疾患の代表的なものが「不安障害」といえる。

DSM-5の『社会不安障害・社会恐怖』の診断基準は以下のようになっている。

不安障害の主なものには，恐怖症，パニック障害，外傷性ストレス障害などがある。

1) 恐怖症

不安も恐怖も警告信号である点は同じだが，不安がやや漠然とした未来のことに向けられた信号なのに対して，恐怖はその対象が今目の前に（あるいは頭の中に）はっきり存在している点が異なる。社会恐怖症，高所恐怖症，閉所恐怖症，乗り物恐怖症，赤面恐怖症，動物恐怖症などがあり，日本では少ないが西洋では広場恐怖症も多い。

社会恐怖とは，恐怖の対象が「知らない人たちの前で注目を浴びるような社会的状況」であり，その恐怖が過剰であると自他ともに認められる場合につく診断名である。

2) パニック障害

パニック障害の症状は，パニック発作，予期不安，広場恐怖の3大症状から成る。中でもパニック発作，それも予期しないパニック発作がパニック障害の診断のために必須とされる症状であり，予期不安，広場恐怖はそれに伴って二

《トピックス・9》

ストレスと心の健康①：ストレスの種類と症状

　われわれは普段ストレスということばを，「ストレスがたまった」といったような精神的な疲労や緊張状態を表す使い方や，「それはすごいストレスだ」といったような外部からの刺激を指して用いることもある。もともとストレスという用語はセリエ（Selye, 1936）が最初に用いたのだが，物理学の圧力や歪みを表すことばであった。現在の心理学では，ストレスは「有害な刺激に対して生体に生じた反応」という意味で用いられ，ストレスを引き起こす有害な刺激のことは「ストレッサー」として使い分けている。

　これまでにストレスに関連する研究は非常に多くのものがおこなわれてきた。たとえばホームズら（Holmes et al., 1967）は「社会的再適応尺度」を作成し，日常生活におけるストレスの高い出来事を上位から数値で表した（表1）。これは，日常生活を変化させるような重大事件（ライフイベント）が起きた場合，もとの生活に戻るには，どのくらいの時間や努力が必要かを，結婚を50としてアメリカの市民に直接評定させたものである。ただし，これらの出来事は日本語では悪い意味にばかり用いられる「ストレス」ではなく，良い意味でも悪い意味でも日常生活を変化させる出来事である点に注意されたい。

　これをみると，人間関係における喪失の体験が非常に多くのストレスを生み出していることがわかる。またこの数値から，将来のストレスに関わる病気を発症する確率を予測できる。過去1年間に経験した出来事の合計が300点を越えた場合，80％の人が病気になるという。150点〜300点では50％，150点以下の人の場合は33％である。

　一方，ラザルスら（Lazarus, et al., 1977）は，まれにしか起きない急性の重大事件よりも，慢性的でしかも個人による受け取り方や対処法といった個人の要因を取り入れて理論化をおこなった。彼によると，環境からストレッサーが加わると，まず自分にとって脅威であるかないかを判断し（一次評価），対処が可能かどうかを評価して（二次評価），対処行動を選択する。

　対処行動には2種類あり，1つはストレスを引き起こす問題に積極的に立ち向かって解決しようとする対処法で，問題中心の対処とよぶ。もう1つは，注意を他に向けたり，ストレッサーについて考えないようにしたり，問題を否認するといった情動中心の対処がある。

表1　社会的再適応尺度の項目（Holmes & Rache, 1967）

順位	できごと	生活変化単位値	順位	できごと	生活変化単位値
1	配偶者の死	100	23	息子や娘が家を離れる	29
2	離婚	73	24	姻戚とのトラブル	29
3	夫婦別居生活	65	25	個人的な輝かしい成功	28
4	拘置，拘留または刑務所入り	63	26	妻の就職や離職	26
5	肉親の死	63	27	就学・卒業・退学	26
6	けがや病気	53	28	生活条件の変化	25
7	結婚	50	29	個人的な習慣の変更	24
8	解雇	47	30	上司とのトラブル	23
9	夫婦の和解調停	45	31	仕事時間や仕事条件の変化	20
10	退職	45	32	住居の変更	20
11	家族の病気	44	33	学校をかわる	20
12	妊娠	40	34	レクリエーションの変化	19
13	性的障害	39	35	教会活動の変化	19
14	新たな家族成員の増加	39	36	社会活動の変化	18
15	職業上の再適応	39	37	約230万円以下の抵当または借金	17
16	経済状態の変化	38	38	睡眠習慣の変化	16
17	親友の死	37	39	親戚づき合いの回数の変化	15
18	転職	36	40	食習慣の変化	15
19	配偶者との口論の回数の変化	35	41	休暇	13
20	約230万円以上の抵当（借金）	31	42	クリスマス	12
21	担保，貸付け金の損失	30	43	ささいな違法行為	11
22	仕事上の責任の変化	29			

ストレスの種類

　一般的にストレスというとすぐに悪いものであると考えられやすいが，そうでないストレスもある。結婚式の準備で忙しくしているカップルにとって，楽しい夢を実現するためのストレスはむしろうれしいものであるし，100m走を前にした選手のある程度の緊張感も，全身の隅々まで血液を送り込み，体をフル稼働させるためには必要なことである。このようなストレスは良性ストレス（ユーストレス）とい

う。これらと反対に，不快感ばかり感じたり，病気を誘うストレスもあり，こちらを悪性ストレス（ディストレス）という。普通ストレスというとこの悪性ストレスの意味で使われることがほとんどである。

　また，ストレスの量でわけると，過剰ストレス，過小ストレス，適量ストレスの3種類がある。過剰なストレスは言うまでもなく病気や不快感の原因になるものがほとんどである。一方で

ストレスが少なすぎる場合も問題がある。毎日，何の緊張もなくただ漠然と過ごしている状態だと，人の心や体を鈍らせ退化させてしまう。老人でもあまりに快適すぎて何の刺激もない状態だと痴呆を誘発し，体を鈍らせ寿命を早めてしまう。これらに比べて適量のストレスは行動を適度に活性化し，快適で張りのある，充実した生活をもたらしてくれる。

ストレス症状

　ストレスはさまざまな形で心身にあらわれる。その表れ方はひとりひとりで異なり，たとえば不安が高くなる人，胃潰瘍になる人，頭痛に悩まされる人などさまざまである。代表的な症状は，3つの領域に出やすい（図1）。

　① 心身症的症状：本態性高血圧，胃潰瘍，頭痛など（第3章第5節参照）

　② 神経症的症状：不安神経症，反応性抑うつ，不眠，慢性的疲労感など（第3章第3節参照）

　③ 認知・思考障害：知的機能の低下（計算ミスなど），優柔不断（意志の決定ができない），不眠などである。

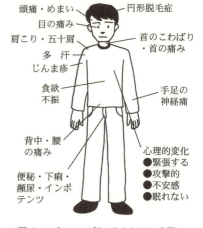

図1　ストレスで起こるからだの変調

次的に生じた不安症状といえる。そして症状のみならず広場恐怖による QOL（Quality of Life，生活の質）の低下が，この障害のもうひとつの特徴である。

　パニック障害の診断基準の第一の条件は，「予期しない発作」であることである。「パニック発作」はパニック障害の特徴的な症状で，急性・突発性の不安の発作である。これは突然の激しい動悸，胸苦しさ，息苦しさ，めまいなどの身体症状を伴った強い不安に襲われるもので，多くの場合，患者は心臓発作ではないか，死んでしまうのではないかなどと考え，救急車で病院へかけつける。しかし症状は病院に着いたころにはほとんどおさまっていて，検査などで

もとくに異常はみられない。そのまま帰宅するが，数日以内にまた発作を繰り返してしまう。

「広場恐怖」は，パニック発作やパニック様症状が起きたとき，そこから逃れられない，あるいは助けが得られないような場所や状況を恐れ，避ける症状をいう。そのような場所や状況は広場とは限らない。1人での外出，乗り物に乗る，人混み，行列に並ぶ，橋の上，高速道路，美容院へ行く，歯医者にかかる，劇場，会議などがある。広場というより，行動の自由が束縛されて，発作が起きたときすぐに逃げられない場所や状況が対象になりやすいことがわかる。パニック障害ではほとんどの患者がこの広場恐怖を伴っており，日常生活や仕事に支障をきたす場合が多くみられる。サラリーマンであれば電車での通勤や出張，主婦であれば買い物などが，しばしば困難になる。誰か信頼できる人が同伴していれば可能であったり，近くであれば外出も可能であったりするが，その結果，家族に依存したり，行動範囲が縮小した生活を余儀なくされる場合が多く，広場恐怖を伴うパニック障害によるQOLの低下は，見かけ以上に大きいといわれている。

3) 外傷性ストレス障害

生命の危険を感じるほどの強い外傷的なストレス因子を見たり，聞いたりした後に生じる反応で，まとめてストレス関連障害と言ったりもする。その出来事から4週間以内に生じるものが急性ストレス障害であり，1か月を過ぎても症状が持続しているものが外傷後ストレス障害という。いずれの障害も，症状には，覚せい亢進，再体験，解離，回避などがある。

覚せい亢進とは，神経が過敏になっている状態で，眠れなくなったり，すぐ驚いたり，怒りっぽくなったり，びくびくしたりするようになる。危険なことが生じた後しばらくは警戒心が高まるのは自然で理にかなったことだが，これが過剰になったり，長引いたりすると問題になる。

再体験とは，その外傷的な体験を，悪夢や，フラッシュバックや，錯覚などの形で，思い出したくもないのにくり返して体験してしまう症状である。

解離とは心理的に麻痺したような状態になることだが，こうした不快な体験や，覚醒亢進による過剰な刺激から身を守るような作用があるものと考えられている。解離による心理的麻痺状態には，何となく現実感がもてないような感覚から，まったく記憶がなくなってしまうほどの状態まで，さまざまなものがある。

　回避は，再体験などを避けるために，ある場所や状況や人物などを実際に避けるように行動することである。解離も回避も，防御としての意味があるが，それが過剰になってしまうと，以前のような自分らしい生き生きとした生活が送れなくなってしまう。

　また，世界保健機関（WHO）による分類方法では，ストレス関連障害の中に昨今よく耳にするようになった適応障害も含められている。適応障害は原因となったストレス因子も上記の2つの障害ほどには強くなく，出てくる症状も比較的弱く，不安や抑うつが主体である。

3．統合失調症

　統合失調症は，およそ100人に1人弱がかかる頻度の高い病気である。「普通の話も通じなくなる」「不治の病」という誤ったイメージがあるが，こころの働きの多くの部分は保たれ，多くの患者が回復していく。

　高血圧や糖尿病などの生活習慣病と同じように，早期発見や早期治療，薬物療法と本人・家族の協力の組み合わせ，再発予防のための治療の継続が大切である。脳の構造や働きの微妙な異常が原因と考えられるようになってきている。

《症状》

　統合失調症は，幻覚や妄想という症状が特徴的な精神疾患である。それに伴って，人々と交流しながら家庭や社会で生活を営む機能が障害を受け（生活の障害），「感覚・思考・行動が病気のために歪んでいる」ことを自分で振り返って考えることが難しくなりやすい（病識の障害），という特徴を併せもっている。

　多くの精神疾患と同じように慢性の経過をたどりやすく，その間に幻覚や妄想が強くなる急性期が出現する。

　新しい薬の開発と心理社会的ケアの進歩により，初発患者のほぼ半数は，完全で長期的な回復を期待できるようになった（WHO, 2001）。

　以前は「精神分裂病」が正式の病名だったが，「統合失調症」へと名称変更された。

《病因》

　統合失調症の原因は，今のところ明らかではない。進学・就職・独立・結婚などの人生の進路における変化が，発症の契機となることが多いようである。ただ，それらは発症のきっかけではあっても，原因ではないと考えられている。というのは，こうした人生の転機はほかの人には起こらないような特別な出来事ではなく，同じような経験をする大部分の人は発症に至らないからである。

　双生児や養子について調査によって，一卵性双生児（遺伝的には同じ素因をもっている）では，2人とも統合失調症を発症するのは約50％とされているので，遺伝の影響はあるものの，遺伝だけで決まるわけではないことがわかる。さまざまな研究結果を総合すると，統合失調症の原因には素因と環境の両方が関係しており，素因の影響が約3分の2，環境の影響が約3分の1とされている。子どもは親から遺伝と環境の両方の影響を受けるが，それでも統合失調症の母親から生まれた子どものうち同じ病気を発症するのは約10％にすぎない。

《病前性格》

　クレッチマーは細長型体型と精神分裂病の関連を認め，分裂病の病前性格として分裂気質をあげている（22ページ，表2-2参照）。分裂気質は，内気，非社交的，真面目な性格であるが，敏感な面をもつ人と鈍感な面をもつ人とがいる。

《症状》

　主な症状は，妄想（些細なできごとから，非現実的なことを確信する），幻

聴（自分にだけ他人の声が聞こえる），思考奪取（自分の考えが他人に読み取られる），思考吹入（他人の考えが吹き込まれる），作為体験（自分が他者の意思で動かされている感じがする），無為（1日中何もせず，非常に不潔な状態でもきれいにしない），自閉（周囲との接触や意思の疎通がなくなる）などである。また感情面では，感情鈍麻（周囲への無関心），両価感情（1つの対象に対する相反した感情）などの症状がある。

　幻聴では，自分を非難したり軽蔑したりする内容が聞こえることが多く，妄想では他者が悪意をもっており，自分を追跡しているとか，自分について悪いうわさを流している，といった被害妄想的な内容が多い。また，自分は本当は天皇なのだとか，キリストの生まれ変わりなのだといった，誇大妄想も少なくないが，それも実際にはそのように扱われていないことから，被害妄想に発展することもある。クライエントはこのような事柄を，些細なできごとから確信する場合が多い。たとえば，通りすがりの警察官が自分を見た目つきから，彼が自分を殺そうとしているスパイの一員であると確信することがある。

○生活の障害

　統合失調症では，先に述べた幻覚・妄想とともに，生活に障害が現れることが特徴である。この障害は「日常生活や社会生活において適切な会話や行動や作業ができにくい」という症状をとる。陰性症状とも呼ばれ，幻覚や妄想に比べて病気による症状とはわかりにくい症状である。
患者本人も説明しにくい症状で，周囲から「社会性がない」「常識がない」「気配りに欠ける」「怠けている」などと誤解されるもととなることがある。

○会話や行動の障害

　会話や行動のまとまりが障害される症状である。
日常生活では，話のピントがずれる，話題が飛ぶ，相手の話のポイントや考えがつかめない，作業のミスが多い，行動の能率が悪い，などの形で認められる。症状が極端に強くなると，会話や行動が滅裂に見えてしまうこともある。こうした症状は，注意を適切に働かせながら会話や行動を目標に向けてまとめあげていく，という知的な働きの障害からくるものと考えられる。

○感情の障害

自分の感情についてと，他人の感情の理解についての，両者に障害が生じる。自分の感情についての障害とは，感情の動きが少ない，物事に適切な感情がわきにくい，感情を適切に表せずに表情が乏しく硬い，それなのに不安や緊張が強く環境に慣れにくい，などの症状である。

また，他人の感情や表情についての理解が苦手になり，相手の気持ちに気づかなかったり，誤解したりすることが増える。こうした感情の障害のために，対人関係において自分を理解してもらったり，相手と気持ちの交流をもったりすることが苦手となる。

○意欲の障害

物事をおこなうために必要な意欲が障害される。

仕事や勉強をしようとする意欲が出ずにゴロゴロばかりしてしまう（無為），部屋が乱雑でも整理整頓する気になれない，入浴や洗面などの身辺の清潔にも構わない，という症状となる。さらにより基本的な意欲の障害として，他人と交流をもとうとする意欲，会話をしようとする意欲が乏しくなり，無口で閉じこもった生活となる場合もある（自閉）。

《治療》

治療は外来入院（家庭から病院に通院する）を原則とするが，服薬しなかったり，自殺の懸念やはげしい興奮などがある場合は入院させて治療をおこなう。今日では向精神薬による薬物療法が主体となっている。その他，病者を生み出し，その受け入れ口としての意味ももつ家族全体を対象にした家族療法もおこなわれている。また精神分裂病者に対する否定的な感情の表出が，患者の再発率を高めてしまうことがわかったため，再発防止のための家族への教育（psychoeducation）もおこなわれている。また，患者の自発性を回復させ，社会復帰を目指すために，日常生活の指導やレクリエーションなどをとり入れた生活療法もおこなわれている。

4. 人格障害（Personality disorder）

パーソナリティ障害は，大多数の人とは違う反応や行動をすることで本人が
苦しんでいたり，周りが困っている精神疾患である。認知（ものの捉え方や考
え方）や感情，衝動コントロール，対人関係といった広い範囲のパーソナリテ
ィ機能の偏りから障害（問題）が生じるものである。注意したいのは，「性格
が悪いこと」を意味するものではないということである。パーソナリティ障害
の定義は，「その人の属する文化から期待されるものより著しく偏った内的体
験および行動の持続的パターンであり，ほかの精神障害に由来しないもの」と
されている。

1980年代の初めごろアメリカで，偏った性格の若者が増えたことが社会問
題となり始めたことを受けて，DSMに「人格障害」が記載されるようになっ
た。

《**考えられる原因**》

アメリカの研究では，人口の15％の人がパーソナリティ障害であると報告
されている（Grantら，2004）。しかし治療につながる例は少なく，実際に医療
機関を受診するのは，他の精神障害を合併しているケースがほとんどである。

他の精神障害の合併については，境界性，反社会性パーソナリティ障害と薬
物依存，回避性，依存性パーソナリティ障害とうつ病，回避性パーソナリティ
障害と社交不安障害など，とくに結びつきが強い組み合わせがあることが知ら
れている。

医療機関を受診するケースが最も多いのは，若い女性に多くみられる境界性
パーソナリティ障害である。境界性パーソナリティ障害の人は，しばしば自殺
未遂や自傷行為をおこなうことがあるので，救急医療機関につながるケースも
少なくない。

パーソナリティ障害の原因は，まだ十分に明らかになっていない。しかし現
在急ピッチで解明が進められていて，生物学的特性や発達期の苦難の体験が関

連していることがわかっている。たとえば，衝動的な行動パターンは中枢神経系を制御する神経伝達物質であるセロトニンが作用している神経系の機能低下によるものだと考えられている。また，養育者が身近にいられなかったなどの養育環境が不十分だったことや，養育期につらい体験をしたことなどが，発症と関連しているともいわれている。

　人格障害は，児童期から成人期にかけての非社会的あるいは反社会的行動傾向を意味しているが，たいていの場合は，神経症や精神病の症状は示されない。

　人格障害にはいくつかのパターンがある。ここでは，代表的な境界性人格障害について紹介しよう。

1)　境界性人格障害（Borderline personality disorder）

《症状》

　気分の波が激しく感情が極めて不安定で，良い・悪いなどを両極端に判定したり，強いイライラ感が抑えきれなくなったりする症状をもつ人は「境界性人格障害」に分類される。近年では「境界性パーソナリティ障害」とも呼ばれている。

　「境界性」という言葉は，「神経症」と「統合失調症」という2つの心の病気の境界にある症状を示すことに由来している。

　たとえば，「強いイライラ感」は神経症的な症状で，「現実が冷静に認識できない」という症状は統合失調症的ものである。境界性人格障害は人口の約2％に見られ，若い女性に多いといわれている。

　DSM-5における診断基準として，以下の基準に5つ以上当てはまるものをいう。

◇

《診断基準》

1)　現実に，または想像の中で見捨てられることを避けようとするなりふりかまわない努力。

2)　理想化と脱価値化との両極端を揺れ動くことによって特徴づけられる不

《トピックス・10》

ストレスと心の健康②：ストレス対処

　ストレスに対処する方法は人それぞれ異なり、同じ行動でもストレスが発散できる人もいれば、逆にストレスがたまってしまう人もある。また、酒やたばこといった嗜好品に頼る人もいれば、運動や趣味に没頭して発散させる人もいれば、温泉につかってマッサージしてもらうことで気分転換をはかる人もいるだろう。ここでは実際に臨床の現場でおこなわれている自律訓練法について簡単に解説しよう。

◇**自律訓練法**

　自律訓練法は、ルーテ（Luthe, 1970）によって開発された、心と身体をリラックスさせるトレーニングであ

る。これは自己催眠を用いて、一人でも手軽におこなうことができるが、疾患による制限も存在し、できれば専門家によって指導を受けながら実施するのが望ましい。実施の際には、静かな場所で、椅子姿勢や仰臥姿勢で筋肉を弛緩させることで、心と身体の不安定な状態から安定な状態へと切り替えることを目指している（図1）。

　練習は1日に3回（朝、昼、晩、各1セッション）おこなう（図2）。忙しいときは減らしても構わないが、毎日続けることが大切である。自律訓練法を緊張を低減させたり、ストレス対処法として利用する場合には、以下で説

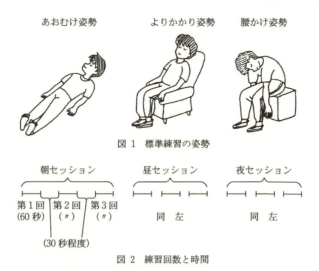

あおむけ姿勢　　よりかかり姿勢　　腰かけ姿勢

図1　標準練習の姿勢

朝セッション　　昼セッション　　夜セッション

第1回　第2回　第3回
（60秒）　（〃）　（〃）

同　左　　　　同　左

（30秒程度）

図2　練習回数と時間

明する標準練習をおこなうだけで効果
がある。では訓練の仕方について説明
しよう。訓練は非常にシンプルで，以
下の公式を頭の中で唱えながら体の変
化を促すのである。まず第1公式（重
感）についてやってみよう。このと
き，公式を頭の中で唱えながら，がん
ばって重感を出そうとするのではな
く，軽くその部位に注意を向け，感じ
の変化をながめるようにする。これを
受動的注意集中という。1回の練習時
間は1分程度とするが，練習を終わる
たびに両腕の屈伸運動や大きな背伸び
をするといった消去動作を必ずおこな
う。これは，受動的注意集中の状態か
ら，普段のはっきりした状態へ回復さ
せることを目的としている。具体的に
用いる公式は，以下の順に進めてい
く。

①背景公式（安静練習）:「気持ち
が（とても）落ち着いている」

この公式は安静感を得るための下地
をつくるもので，これによって一般的
に気分を安定させる。

②第1公式（四肢重感練習）:「両
腕両脚が重たい」

利き腕から始める。それは利き腕の
方が重さや筋肉の弛緩のわずかな変化
にも敏感だからである。四肢に重感が
でるまでしばらく時間がかかるが，だ
いたい3〜6週間で完成する。

③第2公式（四肢温感練習）:「両
腕両脚が温かい」

第1公式と同じように利き腕から進
めていく。腕や脚が温かくなるのは，

末梢の血管が拡張することで，緊張が
減り休息が進むからである。なかなか
温感が得られないときは，「目の前に
温かいストーブがある。腕が自然に温
かくなっていくのがわかる」というよ
うなイメージを思い浮かべるのもよ
い。

④第3公式（心臓調整練習）:「心
臓が（自然に）規則正しく打ってい
る」

最初はなかなかわからないので，右
手を自分の心臓にもっていき，鼓動を
直接右手に感じさせると，それ以後は
心臓に注意を向けられるようになる。
この公式は，イライラしやすい，怒り
っぽいなど感情の波に押し流されやす
い人に特に効果がある。

⑤第4公式（呼吸調整練習）:「（自
然に）楽に呼吸をしている」

この公式では，呼吸数は減るととも
に深くなり，心身共に落ち着いてく
る。ただし，気管支ぜんそくなどの呼
吸器系の疾患がある人は避けること。

⑥第5公式（腹部温感練習）:「お
腹が温かい」

この公式は太陽神経叢（お腹にあ
り，胃，肝臓，小腸，腎臓など多くの
器官へ分布している交感神経の集まり
の部位）の温感を得るのが目的であ
る。そのため，内臓のはたらきを調整
し，正常化するのに効果がある。

⑦第6公式（額部涼感練習）:「額
が心地よく涼しい」

今までの公式が心身をリラックスさ
せ，心地よい安定感の状態を作り出す

のに対して，この公式は逆に血管を収縮させ，緊張を起こさせるはたらきをもっている。つまり，終盤でだらっとしたリラクセーションを引き締める役割も担っている。

安定で激しい対人関係様式。

3) 同一性障害：著明で持続的な不安定な自己像や自己観。

4) 自己を傷つける可能性のある衝動性で，少なくとも2つの領域にわたるもの（浪費，性行為，物質濫用，無謀な運転，むちゃ食いなど）。

5) 自殺の行為，そぶり，脅し，または自傷行為のくり返し。

6) 顕著な気分反応性による感情不安定性（例：通常は2〜3時間持続し，2〜3日以上持続することはまれな強い気分変調，いらいら，または不安）。

7) 慢性的な空虚感。

8) 不適切で激しい怒り，または怒りの制御の困難（例：しばしばかんしゃくを起こす，いつも怒っている，取っ組み合いのけんかをくり返す）。

9) 一過性のストレス関連性の妄想様観念，または重篤な解離性症状。

《原因》

境界性人格障害が発症する原因は，はっきりとは解明されていないが，おおまかな原因として「遺伝」と「環境」が大きく関わっていると考えられている。

まず「遺伝」にまつわる要因としては，もともと境界性人格障害になりやすい性格傾向をもって生まれてくる人がいることである。

また，「環境」の要因としては，幼児期の虐待や，母親との愛着関係がうまく築けなかったことが大きく関わると言われている。

その「環境」についてはまず，幼い時期は母親との愛着関係を築くのに重要な時期であることはいうまでもないが，仮に安定的な関係が築けない場合，その後の自己の確立や感情のコントロールに大きく影響を及ぼし，人格形成に関わることが解明されている。子どもが成長してもなお，母親離れ・子離れがう

まくできず，親子ともに依存している状態（共依存）にある人や，成長の過程で親が子どもを褒めたり認めたりせず，欠点ばかり指摘して子どもを否定し続け，子どもが親の価値観に合わせ過ぎた「真面目な優等生」で育ってしまった場合など，本人の自己否定感が強くなり，幸せを感じることができにくくなっている人も発症しやすいという。

このように，遺伝的な要因をもった人が，育った環境によって境界性人格障害を引き起こすことが多いようである。

その他，DSM の分類にはないが，重要な項目として「犯罪・非行」の問題と，「心身症」について取り上げたい。

5. 犯罪・非行

1) 犯罪と精神障害

精神障害者に対する偏見は根強いものがある。世間の多くの人は，「精神障害者は犯罪を犯す確率が高いのではないか」と漠然と思っている人もいるのではないだろうか。このことを最初に検討したゴダード（Goddard, H.）は若者の犯罪者にビネー式知能検査をおこなった結果，犯罪者の 50〜60% に精神遅滞の者がいることを見いだした。そして犯罪行為の原因は知能の低さにあるのではないかと考えた。確かに，知能が低ければ，善悪の判断が難しかったり，社会的に不適応を起こしやすく，その結果として犯罪を犯すこともあるかもしれないが，知能の低さだけが犯罪の原因であるとする点には疑問が残る。もしかすると，同じ犯罪を犯したとしても，知能が低いために逮捕されやすいかもしれない。ゴダード以降の研究では，犯罪者の中で精神遅滞者の占める割合はほぼ 10% 前後であるといった報告が多く，犯罪や非行と知能との相関は高いとはいえないようである。

また，精神障害者の犯罪率も非常に低く，健常な人の犯罪率よりも実際には低いのである。このように精神障害者の犯罪率は低いものの，各種の精神障害を比べてみると，最も犯罪を引き起こしやすいのは統合失調症である。ついで

精神病質やアルコール依存症，精神遅滞，薬物依存症である。また罪名別には，殺人を犯すのは統合失調症が多く，放火を犯すのは薬物・アルコール依存症の者が多い。いずれにしても，精神障害者の犯罪の場合，犯行時に自分の行為に責任をもつことができたかどうか，すなわち刑事責任能力があったかどうかが問われ，それは精神鑑定によっておこなわれる。

2) 犯罪者のパーソナリティ

犯罪者のパーソナリティについて，質問紙法や投影法，知能検査法などの心理検査を用いた研究もおこなわれている。たとえばモナケシ（Monachesi）は，犯罪者の性格を MMPI （93 ページ参照）で測定した結果，犯罪者の特徴として，精神病質的偏倚尺度，分裂性尺度，偏執性尺度，軽躁性尺度が高得点であるとした。また，ドイツの精神医学者シュナイダー（Schneider, 1946）によれば，犯罪者に特徴的なパーソナリティとして，「意志欠如」をあげている。意志欠如の人は，良い環境におかれれば良い人間として行動することができるが，悪い環境に戻るとすぐに悪い人間に同化してしまう。このような意志欠如者は，一見とても優しく愛想がよいのだが，自分を自分として保っていくエネルギーと意志に欠けているのである。

この他に犯罪者のパーソナリティとしては，シュナイダーの分類が有名である。彼の分類では，犯罪者に共通する特徴的なパーソナリティは以下のようである。

①意志欠如　②発揚（軽そう）　③自己顕示　④爆発　⑤情性欠如
⑥狂言　⑦自己不確実　⑧抑うつ　⑨無力　⑩気分易変

彼は，「性格の著しい異常性のために，自分自身が悩んだり，他者・社会を悩ませている人々」を「精神病質者」とよんだ。上記の分類のうち，1〜6 が主として他者・社会を悩ます類型で，⑦〜⑩が主として自分で悩む類型である。

3) 非行少年の性格

調査時期は少し古いが，非行少年と一般の高校生の性格を，Y-G 性格検査

（92ページ参照）によって比較した研究がある（高橋，1981）。これによると，非行少年は一般の高校生に比べて，A（支配性）を除くすべての項目で得点が高いことがわかった。中でもD（抑うつ性），C（気分易変性），N（神経質），I（劣等感）の各項目の得点がすべて高く，まとめて述べれば，「情緒不安定」ということである。また，非行少年は「社会的不適応」であることがわかった。ここで，興味深いことに，非行少年のこのような性格傾向は，神経症の患者のそれときわめて類似していることである。すなわち，非行少年も神経症の患者も，ともに情緒不安定で社会的に不適応であることを示している。そして両者の差異が「活動性」にあるのである。つまり，神経症は行動が内にこもる非社会的行動であるのに対して，非行少年は行動が外に向かって発散される反社会的行動をするといった違いに過ぎないのである。

　これまで，非行少年の環境的な要因としては，「貧困」と「両親の欠如」であるとされてきた。実際，昭和59年度の調査では，少年鑑別所に入所している少年のうちで，貧困家庭は25％を占め，実父母のそろった家庭は約半数しかなかった。しかし現在では，経済的に何の不自由もなく，両親がそろっている家庭から犯罪を犯してしまう少年たちが急増している。犯罪を犯した理由も，「人を殺してみたかった」とか「有名になりたかった」，「親に叱られてむしゃくしゃして殺った」などといった考えられない理由が多くなってきているようである。なぜこのような少年犯罪がふえてきてしまったのだろうか。次の項で考えてみよう。

6. 心身症

　DSMにある正式な診断名ではないが，重要な症状として記しておきたい。1991年の日本心身医学会による心身症の定義によると，「身体疾患の中で，その発症や経過に心理社会的な因子が密接に関与。器質的ないし機能的障害がみとめられる病態をいう。神経症やうつ病など他の精神障害にともなう身体症状は除外する」である。

《トピックス・11》

ストレスと心の健康③：対人関係とストレス

　われわれを取りまいている人間関係は非常に繊細なものである。人間関係がうまくいっているときは，友だちに悩みごとを打ち明けたり，励まし支えてもらうことで，重荷から解放してくれる。しかしいったんこじれてしまうと，逆にそれ自体がすごいストレスになって襲いかかってくるような「諸刃の剣」である。

　人間関係が心身の健康と密接な関連があることについて，これまで多くの研究がおこなわれてきた。その先駆的な研究として，バークマンとサイム（Berkman & Syme, 1979）は，30歳から69歳までの4,725人の男女を対象に9年間にわたって調査をおこなった。その内容は，人のネットワークの程度がその人の生死とどのような関係にあるのかを明らかにすることであった。ネットワークとは，ある人の対人関係がどれほどの広がりと質をもつかである。具体的には，結婚しているか，家族や友人とどの程度接触があるか，集団に属しているかといったことであった。結果は図に示すように，どの年齢層でも，ネットワークの多い人は少ない人よりも死亡率がかなり低いことがわかる。その後，類似の研究がいくつかおこなわれたが，どの研究結果もほぼ同じ結果を示すものだった。これらの研究から，「寂しい人は早死にする」と言えそうである。

　さらに類似の研究として，配偶者との別れと死亡率との関係について調査

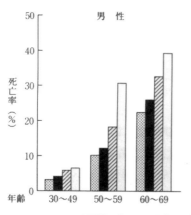
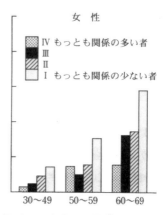

図1　人間関係の多さと死亡率との関係（Berkman & Syme, 1979）

した研究がある（Morgan, 1980）。それによると，配偶者と別れることが，残された相手の死亡率を高めている事実が判明した。また，配偶者の死亡後どれくらいの期間が経ってから死期が訪れるかについて調査した研究によると，男性は妻の死後6カ月後，女性は夫の死後2〜3年の間が最も死亡率が高まることがわかった（Young et al., 1963）。

また，結婚していることとしていないことが心身の健康にどのような影響を及ぼすのかについて調査した研究もある。ロスら（Ros et al., 1990）によると，結婚していない人は，している人に比べて，抑うつや不安が高く，死亡率が女性の場合で1.5倍，男性の場合で実に3.5倍にのぼり，肺がんなどのような本人の行動が原因でかかる病気で死ぬ確率が高いことなどを明らかにした。また，結婚しているかしていないか，が重要なのであり，家中で誰か他の人と暮らしていることが重要なのではなかった。

これらの結果は衝撃的なものであるが，結果の解釈には注意しなければならない。配偶者との離婚や死別が不健康や死亡の原因であるとしても，その理由として考えられることは，死別したことの悲しみのあまり身も心も疲れ果てて死に至るかもしれない。あるいは，男性にとっては妻と別れることで食生活が不規則で栄養が偏ってしまい，その結果病気になってしまったかもしれない。また女性にとっては夫と

別れることで，仕事をしなければならなくなり，そのストレスによって病気になったのかも知れない。これらの点についてはさらに研究を重ねなければならないだろう。

このように親しい人間関係が心身の健康にいかに重要であるかがわかる。しかし，人間関係はいいときばかりではない。どんなに親しい友人でもときにはケンカもするし，仲のよい恋人や夫婦であってもパートナーの浮気が原因で嫉妬したり，裏切られたりして別れる結末をむかえるかもしれない。こうなると人間関係はとたんにストレスの源であるストレッサーに変わってしまう。人は人間関係が悪くなったとき，どのような行動をとるのだろうか。ラズベルト（Rusbult,1987）によると，友人や恋人との関係が悪くなり始めると，今まで以上に相手を信頼しようとしたり，事態を良くしようとする行動をお互いがするようになる。浮気をすると急にパートナーに優しくなるような場合である。しかしそれでもまだ解決されないと，次に相手と直接交渉する段階になる。「浮気はやめてよ」，「もう絶対にしない」とはっきり言うのである。それでも相手の行動が改善されなかったときには，相手を無視することで行動を変えようと試みる。しかし，それでも変わらなければついに相手から去る，つまり別れることで状況を変えるのである。このように別れの過程は「忠義行動」→「発言行動」→「無視行動」→「退去行動」

の4段階があるらしい。

　それではどのようにすれば，仲のよい人間関係を維持できるのだろうか。シンプソン（Simpson, 1987）によると，恋人同士でも友だちとの関係でも，それを維持させるかどうかを決めるのは，お互いの性格や年齢の違い，価値観の違いなどさまざまな要素があるが，最終的には「どの程度，愛しているのか」と「お互いの関係に満足しているかどうか」の2つにかかっているそうだ。どうすればお互いに愛情をもって接し，お互いに満足できるような付き合い方ができるのか，知りたいところである。

つまり「"心身症は身体の病気"だが，その発症や経過に"心理・社会的因子"が大きく影響しているもの」となっている。そのため心理治療が大きな力をもつが，体の治療が必要なのはいうまでもない。

　最近，よく見かける「心療内科」という科は，心理治療をする内科という意味で，この心身症を専門的に診る医療機関である。しかし，心療内科は「大人」の心身症が専門で，子どものことはそれほど詳しくない所が多い。また，「精神科」にすると患者さんに抵抗があるため，心療内科と標榜している所も増加しているため，この医療側の態度も，一般の人々に混乱を引き起こしている面がある。

　心身症は，特定の病名ではない点に注意が必要である。「病気」は「気の病」と書くように，どんな身体の病気でも多かれ少なかれ心理的・社会的な問題が関係している。このうちとくに心理面からのアプローチが重要であると考えられる病気が心身症なのである。

　一方，このような心身の問題を「治療」するという観点ではなく，発症する前に「予防」する観点から研究をおこなう領域は健康心理学とよばれる。現在のアメリカでは，医療費が国家財政を圧迫するほど膨大に膨れ上がってしまったために，病気になる前に予防し，健康の増進を目指すことを重視する方向へと変わりつつある。

1）　心身症になりやすい性格

　心身症は潰瘍のように身体の明らかな病変があるか，一時的に臓器が充血したような病変があり，身体病変の程度の診断と，その病変を起こさせたストレスを見極め，心身両面への治療をおこなう。最も特徴的な心身症の患者は，自分ではストレスを感じず，元気で悩んでいないと思い込んでいる。これを「失感情症（アレキシシミア alexithymia）：ストレス（感情）の受け止め・表現方法を失っているという意味」と呼ぶ。この状態が周囲の人々に「心理的問題はない」という誤解を与え，本人は結果的に環境に過剰適応して，本当は「辛い」のだが，その意識がほとんどないことが多い。

　その結果，その人の内面にうっ積したストレスが，身体を通して表現されてしまう。つまり，心身症の特徴はストレスを感じていないように見え，平静を装っているのだが，実はストレスが強くあって，それを臓器が悲鳴をあげている（しゃべっている）のである。例えば，気管支喘息のヒューヒューという笛声は「母を呼ぶ声」であると解釈できる場合もある（全例がそうだと言う訳ではない）。そのため，最近では「身体表現性障害」と呼ばれる場合もある。この特徴を理解しておかないと，本人はもとより，周囲の者も患者さんのことを適切に理解できず，身体の治療だけをして，心は忘れ去られてしまう。あるいは，心に医療側が焦点を当てると，違和感をもち，「自分はそのように情けない人間ではない」と怒り出すこともしばしばある。

2)　子どもの心身症

　子どもの心身症の症状とその原因を表 3-2 に示した。心身症は 0 歳児から出現し，年齢が上がるにつれ，種類と患者数が増加していくものが多く，年齢により同じ病名でも病態が異なるものと，ほぼ同じと考えてよいものがある。乳児期では消化器系疾患（嘔吐・くり返す腹痛・下痢や便秘），心因性発熱，脱毛，アトピー性皮膚炎が主な心身症であるが，一般には心身症とは認識されていない。症状が長引いたり，通常の身体的治療に反応しなかったりした場合のみ，すこし母親の精神状態や環境へ注意を向けた心身医療的対応が必要である。難治性アトピー性皮膚炎はその代表で，民間療法に頼るよりも心身医療的

表3-2 子どもの心身症とその誘因 (河野, 1982)

	起こりやすい病気	誘因となりやすい病気
乳児期	幽門ケイレン，下痢，便秘，全身の発育障害	母親のイライラした感情，きちょうめんすぎる育児態度（採乳，離乳，排尿，排便などの訓練），愛情の欠乏，放任
幼児期	嘔吐，下痢，便秘，憤怒ケイレン，頻尿，夜尿，どもり，気管支ゼンソク，指しゃぶり，性器いじり，反抗	弟妹の出生，嫉妬心，同胞間のおもちゃの取り扱い，競争心，感情的育児態度，両親の共かせぎ，愛情の欠乏
学童期	頭痛，嘔吐，腹痛，関節痛，頻尿，夜尿，めまい，足の痛み，気管支ゼンソク，チック症，どもり，つめかみ，不安神経症，強迫神経症，登校拒否，転換ヒステリー反応	同胞との関係（嫉妬心，競争心），親子関係（激しいしつけ，甘やかし），友人関係，教師との関係，学業，おけいこごと
思春期以後	起立障害症，気管支ゼンソク，心臓神経症，腸管運動失調症，神経性食欲不振症，どもり，自慰，登校拒否，不安神経症，強迫神経症，転換ヒステリー反応，非行，自殺	個人の能力（学力，体力，体格，運動能力），身体欠陥，親子関係，友人関係，教師との関係，異性関係，進学の問題，人生観，社会観

に診てもらうことが治ることへの早道であるという。

　幼児期には乳児期から引き続く心身症に加えて，周期性嘔吐症（自家中毒），気管支喘息が出現する。第一反抗期をどのように親が考え対応していくかが，重要な鍵になる。

　幼児期から学童期にかけてはチックの好発期で，小学校高学年になると思春期になるので，起立性調節障害が多くなる。中学に入る頃からは摂食障害，過敏性腸症候群，過換気症候群も増加する。思春期は最も心身症をはじめ，心因性疾患が増加する時期になり，適切な指導や治療で治さないと，成人に持ち越し，一生ものになっていく場合が多い。

3)　成人の心身症

　成人の心身症で多くみられる症状を表3-3にあげた。代表的なものは，気管支喘息，胃潰瘍・十二指腸潰瘍，本態性高血圧，過敏性大腸症候群であり，最

表 3-3　心身症の分類と種類（河野，1982）

①循環器系	本態性高血圧症，本態性低血圧症（低血圧症候群），神経性狭心症，一部の不整脈，心臓神経症
②呼吸器系	気管支ゼンソク，過呼吸症候群，神経性咳嗽
③消化器系	消化性潰瘍，潰瘍性大腸炎，過敏性大腸症候群，神経性食欲不振症，神経性嘔吐症，腹部膨満症，空気嚥下
④内分泌代謝系	肥満症，糖尿病，心因性多飲症，甲状腺機能亢進症（バセドウ病）
⑤神経系	偏頭痛，筋緊張性頭痛，自律神経失調症
⑥泌尿器律	夜尿症，インポテンツ，過敏性膀胱
⑦骨筋肉系	慢性関節リウマチ，全身性筋痛症，脊椎過敏症，書痙，痙性斜頸，チック，外傷性神経症
⑧皮膚系	神経性皮膚炎，皮膚搔痒症，円形脱毛症，多汗症，慢性ジンマシン，湿疹，疣贅
⑨耳鼻咽喉科領域	メニエール症候群，咽喉頭部異物感症，難聴，耳鳴り，乗り物酔い，嗄声，失声，吃音
⑩眼科領域	原発性緑内障，眼精疲労，眼瞼ケイレン，眼ヒステリー
⑪産婦人科領域	月経困難症，無月経，月経異常，機能性子宮出血，更年期障害，不感症，不妊症
⑫小児科領域	起立性調節障害，再発性臍疝痛，心因性の発熱，夜驚症
⑬手術前後の状態	腸管癒着症，ダンピング症候群，頻回手術症（ポリサージャリー），形成手術後神経症
⑭口腔領域	特発性舌痛症，ある種の子内炎，口臭症，唾液分泌異常，咬筋チック，義歯神経症
	（以上の疾患には心身症としての病態をもつものが多い）

近はタイプ A 行動とよばれる行動も注目されている。

○胃潰瘍・十二指腸潰瘍

　消化性潰瘍ともよばれ，胃の消化液で自分の胃や十二指腸の壁を消化してしまうために，これらの出血を起こしたり，穴があいたりする。この病気は人間のすべての部分に関わった病気（全人病という）であるといわれるように，その原因の約半数は精神的な要因が関わっている。この病気になりやすい人の性

格は，仕事もよくできるし対人関係もよいのだが，非常に緊張してたえず周り
に気を遣い，状況に過剰に適応してがんばってしまうタイプである。治療に
は，食生活を含めて無理のある生活様式を修正し，心身のリラクゼーションを
はかりながら，心理療法をおこなうことである。

○過敏性大腸症候群

　子どもから老人まであらゆる年齢層にみられるが，とくに思春期や更年期に
多い。試験や会議の前になると，腹痛をともなう下痢になるタイプと便秘にな
るタイプがある。また，登校拒否や出社拒否の人によくみられるのは，症状を
強く感じたり強調することで，つらいことや嫌なことを避けようとすることも
ある。この病気も原因はやはり心理的問題に発しているため，手術しても治ら
ないが，誤って手術される場合もあるので，注意が必要である。治療は，まず
実際に起こっている身体症状に対する対症療法をおこない，ついで食事を規則
的にしたり，無理のない日常生活を送るように生活のあり方を変えるよう指導
する。大事なことは，「症状とともに生活をする」という態度であり，がんば
って症状をなくそうとするのは，誤った治療法である。

○本態性高血圧

　高血圧にはいくつかの段階がある。まず，情動（怒りや興奮）にともなって
一時的に高血圧の状態になる段階がある。そして，血圧が安定せずに動揺して
不安定な時期，それが固定する時期，高血圧が固定化したために，心臓の血管
系や腎臓などに障害がでる段階である。高血圧は，塩分摂取の影響が非常に大
きいが，これは小さい頃から形成された味覚の問題である。慣れ親しんだ生活
習慣を変えるのは容易ではないが，塩分の摂取量を減らすことと，情緒的に安
定した生活を保つことが最大の治療法である。

○タイプA行動

　フリードマンとローゼンマン（Friedman & Rosenman, 1974）は，心筋こ
うそくや狭心症といった冠状動脈性心疾患を起こしやすい人の行動特徴につい
て研究した。その結果，「いつも時間に追われ」，「目標達成のために精力的に
活動し」，「攻撃的で競争心が強い」といった行動パターンの人が多いことを見

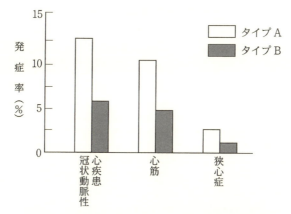

図 3-2 タイプAとタイプBの心疾患発症率
(Henry & Stephens, 1977)

いだした。そしてこのような行動パターンを「タイプA」と名づけた。そして逆にこのような行動パターンを示さない人を「タイプB」とした。ヘンリーとステファン（Henry & Stephens, 1977）は，タイプAとタイプBで，心疾患の発症率について比較した。その結果，図 3-2 に示すように，タイプAの人はタイプBの人に比べて心疾患を起こす確率が非常に高いことがわかる。これは，タイプAの人がいつも忙しく働き，早口で話し，時間に追われ，他人と競争しているために，絶えまない精神的ストレスから交感神経の興奮や副腎髄質ホルモンの分泌をもたらし，血圧や心拍を増大させているため，心臓の血管に大きな負担がかかるためである。

　このような人には，何よりも自分の信念を変えることや，時間の使い方などを変える必要がある。また，リラクゼーション法を学んでリラックスする習慣をつけることも重要である。

　心身症の治療には，身体的な治療に加えて，きまざまな心理療法を併用する必要がある。心理療法では，リラックスすることを目的とした「自律訓練法」や，自分の性格の歪みや対人関係のあり方を見直す「交流分析」，悪い習慣や行動を治す「行動療法」などを用いる。

── 考えてみよう③ ──

○実際に，次の「ストレス・チェックリスト」を用いて現在の自分のストレス
度を測定してみよう。自分のストレスの原因や，自分に適したストレスの対
処法を考えてみよう。

ストレス・チェックリスト

Ⅰ．あなたはストレスをどの程度感じていますか。次の当てはまる番号に○
をつけてください。ストレスの程度は数字が大きくなるほど高くなります。

まったく感じていない　0　1　2　3　4　5　6　とても感じている

Ⅱ．各質問について，当てはまる番号に○をつけてください。	まったくあてはまらない	あまりあてはまらない	ややあてはまる	とてもあてはまる
① 特に困ったことはないが，何となく焦燥感がある。	0	1	2	3
② こんなはずではないという思いがある。	0	1	2	3
③ 人と比べてどうもついていないような気がする。	0	1	2	3
④ 他人のしていることがとても気になる。	0	1	2	3
⑤ なんとなく不安な気持ちがとれない。	0	1	2	3
⑥ 毎日の生活に充実感がない。	0	1	2	3
⑦ いつも何かにせかされているような気がする。	0	1	2	3
⑧ 自分にはもっとするべきことがあるような気がする。	0	1	2	3
⑨ 周りの状況に潰されて行動することが多い。	0	1	2	3
⑩ 本当の感情が自分でもはっきりしない。	0	1	2	3
⑪ 自分のすることに自信がない。	0	1	2	3
⑫ 倦怠感があり，気力がない。	0	1	2	3
⑬ 物事を悲観的に考えやすい。	0	1	2	3
⑭ 生きがいがない。	0	1	2	3

Ⅱのストレス度（ストレス状態の程度）の評価
　　合計点が0〜12点の人は，まず問題なし。13〜23点の人は，軽いストレス
状態である。自分の考え方や行動の仕方を見直し，ストレス解消を心がけると
よいだろう。24〜34点の人は，かなりストレス状態になっていると思われる。

リラクセーションをはかる必要がありそうで，しかも本格的に取り組む方がよいだろう。35〜45点の人は，日常生活を快適に過ごせないばかりか，支障をきたしているのではないだろうか。専門家に相談することを勧める。

　Ⅰのストレス度（自分でどれくらいストレスを感じているか）について

　自分でストレスを感じていない（0〜1）と思っているにもかかわらず，Ⅱのストレス度が高くでた人は要注意である。ストレスを無視したり，ストレスに気づかなかったりするのではないだろうか。自分の考え方や生活の仕方を見直し，自分の心の状態に目をむけることが必要である。強くストレスを感じていて（5〜6），なおかつストレス度の得点が高い場合は，早めに専門家に相談する必要がある。

　（オリジナルの項目は中江延江（山野美容短期大学）によって作成され，東京都健康づくり推進センターで標準化された）

第 **4** 章

心理アセスメント

第1節　心理検査法

　最近，「性格や知能の診断」というかわりに，「性格や知能のアセスメント」という表現が使われるようになってきた。「診断」と「アセスメント」の違いはなんだろうか。「診断」とは，「症状の原因やその経過から，疾患もしくは異常性を同定（鑑別）すること」であり，もともとは医学的な分類に用いられていた。

　一方，臨床心理学で用いられる「アセスメント」は，不適応に陥っているクライエントの適応力を回復させるためには，どのような対処の仕方がよいかのめどをつけ，そのための情報を手に入れ整理し，まとめ，意味のあるまとまりをもった全体像を作り上げる一連の作業である。つまり，クライエントにとって問題になっている障害の原因や背景を明らかにし，場合によっては心理検査を有効に活用して，その障害の種類と程度を明らかにし，治療をおこなうためにはどのようなアプローチをとればよいのか，までを含めた一連の過程である。心理的問題を考える際に，気をつけなければならないのは，心理面の問題だけを問題としてとらえてしまうことである。しかし実際には，身体発達の問題，器質的障害，環境，家族関係などの問題も大きく関係している。

　したがって心理的問題のアセスメントには，心理的でないものをもとらえておく必要がある。問題のとらえ方の違いは，解決法の違いを生む。心理的問題の原因が心理的なものだけではないとすれば，心理的なものを変えるだけでは不十分である。

　ここではアセスメントの方法として，まず代表的な心理検査法について解説する。心理検査法は，正常や異常の診断や，心の深層をはかるといったように，臨床心理学で用いられることが多い。心理検査法は大きく質問紙法，投影法，作業検査法，知能検査法にわけられる。

1.　質問紙法

　質問紙法は，いくつかの質問項目に対して，「はい」，「いいえ」のような回答をしていくことで，その人の内面を探る方法である。質問紙法は，個人の内面を幅広く捉えることができ，また同時に多人数に実施することができるため，比較的容易に多くのデータを手に入れることができる。しかし反面，個人の内面を深く捉えることは難しく，回答も極端な回答は避けられやすい欠点もある（中心化傾向）。さらに，自己の内面を偽って報告したりする場合もある。自己を歪曲して報告しようとする態度に対しては，「虚偽尺度」を用いるなどの工夫もされているが，完全に虚偽を見破ることは困難である。また，文章が読めて理解できる年齢の子どもや，ある程度の知的レベルの者しか対象にできない短所もある。

　このほか質問紙法の重要な点は，質問紙自体の信頼性と妥当性の問題がある。たとえば医学的検査の場合は，手や足，皮膚，心臓などのように，実体があるものについて測定する。しかし，心理的な側面（性格や知能，態度など）を測定しようとする質問紙の場合は，測定しようとする心の側面を直接目で見たり手で触れて確認することはできない。このように間接的にしか測定することができないものを「構成概念」とよぶ。この構成概念を測定するためには，質問紙はいくつかの条件をクリアしていることが必要である。

　まず，だれがいつ測定しても同じ結果が得られるという「信頼性」の問題がクリアされなければならない。同じ人に期間をあけずに2度検査してみたところ，まったく違った結果になったりしたら，その検査の信頼性は低いといわざるをえない。またその心理検査は本当にその構成概念を測定しているのか，その構成概念を測定するのに必要十分な量や側面を備えているかという「妥当性」の問題もクリアされなければならない。このように心理検査は，信頼性と妥当性の検討が重ねられ，客観化への努力がなされてきた。テレビや雑誌でよくとりあげられている心理テストや占いは，このような裏づけのまったくない

ものがほとんどである。ほとんどはその人の思いつきで適当なことを言って面白おかしくしているだけである。賢明な皆さんは，このようなマヤカシを信じたりはしないように（トピックス12を参照）。

　心理検査で用いられる具体的な質問紙を紹介しよう。

Y-G性格検査（矢田部・ギルフォード性格検査）

「人中では黙っている」，「人のうわさはあまり気にしない」などの質問項目120問について，自分に当てはまるかどうかを答えていく。結果は，抑うつ性，回帰性，劣等感，客観性，協調性，愛想のよさ，活動性，のんきさ，思考的外向性，支配性，社会的外向性のそれぞれの特性についてプロフィールとしてまとめられる。これらの因子はさらに，情緒安定性因子，社会適応性因子，活動性因子，衝動性因子，内省性因子，主導性因子の6因子にまとめて考察することもできる。また，類型論的にいくつかのタイプに分類することもできる。基本になるのはA型（average），B型（black list），C型（calm），D型（director），E型（eccentric），の5つのタイプで，その他にそれぞれの標準形や準型，混合型などのタイプがある。図4-1はプロフィールの一例を示す。

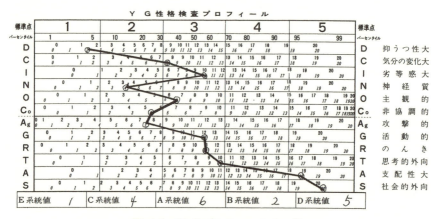

図 4-1　Y-G プロフィールの一例

　この女性の場合，楽天的で明るく，人間関係も開放的で社交性に富んでおり，リーダーシップも発揮できる。その反面で女性らしく控え目な部分ももちあわせているため，素晴らしいリーダーになれる人である。

MMPI（Minnesota Multiphasic Personality Inventory：ミネソタ多面式人格目録検査）

　ミネソタ大学のハサウェイ（Hathaway, S. R.）らが開発した人格テストであり，550問もの質問項目から構成される。もともとは精神病の診断のために作られたもので，心気症，抑うつ，ヒステリー，精神病質傾向，偏執性，精神衰弱，精神分裂病，軽躁病，社会的内向性などの側面について測定する。

　また，このような質問式のテストは，受ける人が意識的にあるいは無意識のうちに虚偽の回答をしてしまう可能性があるが，このテストでは回答の仕方が全体として適切であるかに関して調べる妥当性尺度がある。つまり，多くの質問項目に「どちらともいえない」と回答したり，過度に自己防衛する傾向が読みとれたり，でたらめに回答したりしているものについては，信頼性がないと診断される。

MPI（Maudsley Personality Inventory：モーズレイ性格検査）

　イギリスのアイゼンク（Eysenk, H. J.）が開発したテストで，2つの尺度で構成される。1つ目の尺度は「内向─外向」傾向を測定するもので，もう1つは「神経症傾向」を測定する。これら2つの尺度で合計48項目の質問項目から成る。そしてこれら2つの尺度のそれぞれを，高・中・低の3つの領域に分類し，その組み合わせで合計9タイプの性格特徴に分類する。MPIは臨床的にもよく用いられ，また職業適性検査としても使用されるなど，利用範囲は広い。

EPPS 性格検査（Edwards Personal Preference Schedule）

　ワシントン州立大学のエドワーズ（Edwards, A. L）が作成した性格検査で

ある。下の例に示すように，A，B 2 つの質問文の対が 225 問あり，被検者の気持ちに近い方を選択させる点に特徴がある。

A：「友達が困っているときには助けてあげたい」（養護）

B：「何でも手がけたことには，最善を尽くしたい」（達成）

回答の一貫性をチェックしたあと，15 の性格特性各々の得点を算出する。性格特性は，達成，追従，秩序，顕示，自律，親和，他者認知，求護，支配，内罰，養護，変化，持久，異性愛，攻撃である。そして，各性格特性の高低についてプロフィールを描いて解釈する。

TEG（東大式エゴグラム）

バーン（Bern, E.）が創始した交流分析（156 ページ参照）の考えに沿って，自我の構造を明らかにするテストで，日本では石川（1984）が作成した。自我の構造は，CP（Critical Parent：批判的な親），NP（Nurturing Parent：養

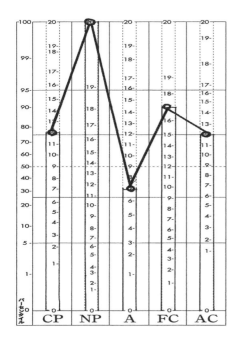

図 4-2
TEG のタイプ別類型の一例

育的な親），A（Adult：成人の自我），FC（Free Child：自由な子ども），AC
（Adaptive Child：順応した子ども）の 5 つの部分にわけられる。そしてそれ
ぞれの部分を 10 項目の尺度で測定し，得点を算出する。結果は，各々の自我
状態を分析し，プロフィールの形から，たとえば V 型（かんしゃくもちタイ
プ），N 型（おふくろタイプ）などのタイプ別に類型をみることもできる，図
4-2 にプロフィールのタイプを示した。

　この人の場合，NP 優位型（世話やきタイプ）である。NP が極端に高いの
で面倒見がよくて思いやりが十分備わっている。また CP や A が平均的であ
るため，責任感や客観的な判断力もあるので，一方的な世話やきにはならず，
周りからは優しくて頼りになる存在である。また FC や AC もやや高いため，
適当に楽しみ，周囲の人たちと協調してうまくやっていけるタイプだといえ
る。

　これらの心理検査は，いくつかのパーソナリティの因子（まとまり）につい
て測定することができるが，ある特定のパーソナリティの側面についてだけ測
定することを目的として作成されたものもある。たとえば，孤独感尺度（工
藤・西川，1983）や自己意識尺度（菅原，1984）などさまざまなものが開発さ
れている。どのような目的で心理検査を用いるのか，によって最も適切なもの
を用いればよいのである。

2.　投影法

　人が意識しない無意識の層を測定する目的で作られた心理検査を投影法とい
う。投影法では，あいまいで多義的な図形や文章を呈示し，それに対して被検
査者は自由に答えることができる。そしてその反応を検査者が整理，解釈する
ことによって無意識の層に迫るのである。投影法では，結果の整理法や解釈法
はともに非常に難しいので，特別の指導と訓練が必要である。代表的なものを
紹介しよう。

ロールシャッハ・テスト（Rorschach Test）

　スイスの精神科医ヘルマン・ロールシャッハ（Rorschach, H.）が考案した。このテストは，10枚の左右対称の多義図形（インクのしみのような図形，図4-3）を被検査者に呈示し，それに対する反応によって多方面から検討を加え，個人の人格像を描き出すことを目的としている。このテストは幼児から成人まで用いることができ，5枚の濃淡のある黒色のもの，2枚の赤と黒のものと，3枚の多色の図版を用いる。

　回答（反応）は記号化されて，その総計をもとに被験者の人格像を推論する。記号化する次元は，インク・ブロットの場所（領域），反応を生起させたブロットの性質（決定因），反応内容の種類（内容），反応とブロットの適合度（形態水準），反応の頻度（独創性・平凡性）であって，「何を見たか」ではなく，「いかに見たか」が重視される。現在，典型的な人格診断法であるとみなされている。

図 4-3　ロールシャッハ・テストの一例

主題統覚検査（TAT：Themantic Apperception Test）

　マレー（Murray, H.）とモーガン（Morgan, C.）が1935年に，パーソナリティの最も深い層を探る方法として開発したテストである。内容は図4-4のような20枚の絵を呈示し，それぞれについての空想を物語の形で述べさせる。

図 4-4　TAT 図版（ハーバード版）

絵はどのような場面であり，人物は何を考え，どのように感じているのか，これからどうなるのか，といったことについて5分程度の物語を作る。その分析を通じてその人の要求，情緒，感情，コンプレックス，葛藤などを明らかにする。このとき，物語中の人物に自分が同一視され，被検査者の意識的な，あるいは無意識的な欲求や感情が表れる。

　マレーによれば，TATの物語は，物語中の人物（主人公）がもっている欲求（need）と，環境からの圧力（press）との相互作用という力動過程が表れたものであるとされる。TATには児童用の図版も含まれているが，幼児・児童専門のものとしては，CAT（Children's Apperception Test）も作られている。

P-F スタディ（Picture-Frustration Study：絵画欲求不満テスト）

　ローゼンツヴァイク（Rosenzweig, S.）の欲求不満理論に基づいて作られた人格診断法である。テストは24種類の日常誰もが経験する欲求不満場面によって構成されている（図4-5参照）。絵は線画を用い，人物の表情や態度は省略してある。これは絵の印象で特別な反応を誘発してしまうことをなるべく避

〔場面１〕

E′：困ったな，服がこんなによごれちゃった。
E₁：気をつけろ！バカヤロー。
e ：なんとか弁償してくれ。
I′₁：全然大丈夫です。
I′₂：洗う決心がついて，かえってよかった。
I₁：私がもっと避けているべきでした。
i₁：いいよ。自分で洗濯するから。
M′：いいえ。たいしたことはありませんよ。
M ：道が悪いから仕方ありませんよ。
m ：しばらくたてば，乾くでしょう。

図 4-5　P-F スタディの一例

けるためである。どの絵も左側の話しかけている人物が右側の人物になんらか
の意味で不満を起こさせている場面になっている。絵の吹き出しに書かれた反
応を，①どの方向に攻撃を向けているのか（外罰・内罰・無罰），②それはど
んな型か（障害優位型・自己防衛型・要求固執型）の組み合わせで合計９種類
と，さらにその他に２種の変形を加えて11種類のタイプに分類する。

バウムテスト（Der Baumtest：樹木画テスト）

スイスのコッホ（Koch, K.）が開発した，樹木画による人格診断のためのテ
ストである。被検者にＡ４判の白い画用紙と柔らかい鉛筆（B 4），消しゴム
を与えて「実のなる木を描いてください」と教示するだけでよい。集団でも実
施可能だが，できれば個別に実施し行動を観察するのがよい。根の状態，幹の
基部，幹の輪郭，枝の状態，明暗，右や左部の強調，風景の有無，地平線，
花，葉の状態など60項目にわたってそれぞれ解釈する。また，木の冠の部分
と幹の長さの比率から，発達段階の診断もできる。具体的な事例をあげると，
たとえば図4-6は，学校恐怖症の児童が描いたもので，木は左上隅に描かれて
いる。これは傍観者的・回避的な空間に自己を定位させているためである。

　類似のテストとして，家・木・人物を描かせるバック（Buck, J. N.）の
HTP（House-Tree-Person）などもある。

図 4-6
バウムテストの一例

SCT（Sentence Completion Test：文章完成法テスト）

　ローデ（Rohde, A.），ショー（Shor, J.）らが作成した人格検査である。被検者に完全でない文章を示し，それを自由に補わせて全文を完成させようとするものである。たとえば，「子どもの頃，私は…………」，「もし私の母が…………」といった文章の続きを完成させ，その文章に投影された内容から人格を探る。カウンセリングの導入の時期に家族との関係や興味の方向などを知る目的でおこなわれることも多い。本検査の解釈には，検査者の主観が入る余地が非常に高い。また，個々の項目を無関係に評価してその合計をパーセントで出すといったことも不可能である。必要なのは，個々の項目への回答をバラバラに解釈するのではなく，それぞれの内容に惑わされない全体的かつ共感的な理解である。経験豊かな検査者によると，特別の整理技術を用いなくとも52個の回答を一読して問題点を取り出すことができるといわれている。そういう点でも，本検査はきわめて特異なものといえる。

DAP（Draw-A-Person：人物画テスト）

　自由に描かせた男女一対の人物画像に基づいて，性格を判定するテストで，マコーバー（Machovre, K.）が開発した。紙と鉛筆だけで簡単に施行でき，

世界各地で利用されている。類似のテストとしては，男性像を描かせて知能を測る DAM や，家族画テスト，グループ画テスト（家族や遊び仲間を描かせて描画者の対人関係を読みとる）がある。

結果の解釈は，画面上の画像の位置（画像の中心と用紙の中心の関係をみる），像の寸法，抹消と描き変え，省略がどの部分にあるのか，強調されている部分，姿勢，服装，所持品やアクセサリーをみる。とくにこれらの点について男女像を見比べることが重要である。男女の像をまったく同じに描くのは，自己の表明を怖れるからであり，大きい像で力への願望を，小さい像で劣等感を示すこともある。また爪やむき出した歯，刀，ピストルで攻撃を示すものもある。画像が誰であろうと多くは自己表現である。ただし，自己の事実を示す場合と理想を示す場合とがある。感覚や運動に不自由がある子は，とくに画像のその部分が強調されたり隠されたりするので，描画者の障害への態度がわかる。

3. 作業検査法

内田―クレペリン精神作業検査

ドイツの精神医学者クレペリン（Kraepelin, E.）が開発した方法で，1桁の隣り合った数字を単純に加算していくという課題を，1分ごとに検査者の合図で行を1つ下の行に変えておこない，前半15分と休憩を5分はさんで後半10分おこなう（図4-7）。

結果の整理は，1分ごとの最終数字の部分を定規で結んで作業曲線が得られ，その曲線と健常者の描く定型曲線とのズレの程度をみて，いくつかの類型に判定する。定型曲線は，内田が1万人もの平均作業量から求めたもので，これが精神的健康を表すとされている。

定型曲線の特徴として，前半の作業量の低下，前半の終了間際の若干の作業量増加，休憩後の作業量の増大，後半の作業量の低下などである。定型曲線の例を図4-7に示した。これをみると，上記の特徴をほぼ備えていることがわか

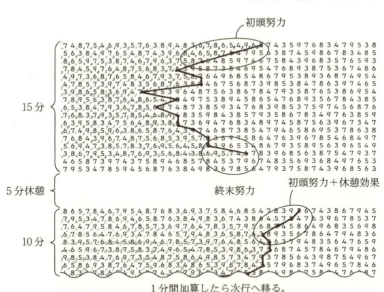

図 4-7　内田―クレペリン精神作業検査の定型曲線

る。個々人の特徴を示すためには，曲線の問題箇所に着目しながら総合的に解釈する必要がある。問題となる曲線の特徴としては，定型傾向の乏しいもののほか，誤答の多発，大きい落ち込み，大きい突出，激しい動揺，動揺の欠如，休憩後の作業量の減少，休憩後1行目の作業量の減少，作業量の不足などである。また定型傾向と大きく違うからといって性格異常と診断するのは適当ではなく，むしろ個性的な現れが強いと考えるべきであり，それを生かす方向を考えていく必要がある。

4.　知能検査法

　知能とは何であるかを，明確に定義することは難しい。その理由は，知能という実体があるわけではなく，また知能は知的活動の基礎にある能力だと考えられているが，その能力についての考え方が研究者の立場によってさまざまであるからである。大きくまとめると，主な考え方は3つである。

○知能とは学習する能力である

　学習とは経験による行動の変容であり，それは模倣や条件づけ，洞察などによって生じる。

○知能とは「抽象的思考能力」である

　抽象的能力とは，目の前のできごとや具体的な事物から離れて，理論的な道筋を通して考えたり，言語やイメージなどの象徴（シンボル）を頭の中で操作して物事のなりゆきを考えたり推理したりする能力である。

○知能とは「適応する能力」である

　人は他者を含めた環境に囲まれて生活している。そこで自分の欲求を満たそうとすればその環境を変えるか自分を変えなければならない。そのためには，他者の感情を適切に推し量り，自分の欲求をどこまで出したら受け入れられるのかを決めていかなければならない。このように周りの環境にうまく適応する能力も知能に含まれるのである。具体的な知能検査について，代表的なものを紹介しよう。

ウェクスラー式知能検査

　アメリカのウェクスラー（Wechsler, D.）は5種類の知能検査を発表している。はじめて発表したのは WAIS（16歳以上の一般成人用）であり，次に WISC（5歳〜15歳まで）である。次いで WPPSI（4歳〜6歳半まで）を発表した。WISC と WPPSI については，118ページ以降で述べる。

WAIS-R 成人知能検査（Wechsler Adult Intelligence Scale：ウェクスラー成人知能検査）

　現在は WAIS の改訂版である WAIS-R が標準化され多く用いられている。

　ウェクスラーの知能観は「知能は各個人が目的的に行動し，合理的に思考する総体的能力であり，知的能力以外の因子，たとえば動機や誘因が知的行動の中に入ってくる」という考えで作成されている。テストは16歳〜74歳までの成人に適用でき，言語性検査（6種類）と動作性検査（7種類）の2つの下位

検査からなる。各下位検査ごとに採点し，被検者の年齢の平均と比較して相対的な位置を算出し，言語性 IQ，動作性 IQ，全検査 IQ の 3 つの IQ を算出する。

田中・ビネー式知能検査

知能検査はビネー（Binet, A.）が 1905 年に発表した知能検査から始まる。この検査は特殊学級で教育した方がよいと思われる子どもを見いだすために作られたものである。彼は知的な能力は子どもが年齢を経るにつれて伸びていくことに注目し，問題をやさしい問題から難しい問題へと並べて合計 30 題からなる検査を作成した。

その後，ある年齢の子どもの内の 3/4 が正答できる問題を，その年齢用の問題として年齢尺度による検査を作成し，初めて精神年齢（MA : Mental age）という概念を採用した。つまり，解けた問題の年齢段階で精神年齢を表すのである。知能指数（IQ）は，精神年齢（MA）を生活年齢（CA : Chronological age）で割り 100 を掛けることで算出することができる。年齢は 2 歳から成人までの 120 問が易から難の順に並べられている。内容は思考，言語，記憶，数量，知覚などの問題から構成されている。

5.　テストバッテリーを組む

心理検査によって，クライエントの障害像のある面は把握できるが，それですべての情報を得られるわけではない。アセスメントをする際には，多方面から広範囲にわたって深い情報を得る必要がある。ところが多面的な情報を得ることができる心理検査は現在のところ存在しない。つまり 1 つの心理検査だけで十分な情報を得ることは不可能なのである。そこでいくつかの検査を組み合わせておこなう必要がでてくる。いくつかのテストを組み合わせて用いることをテストバッテリーを組むという。

テストバッテリーを組む際に注意すべき点は以下の 3 つである。

・心理検査をする目的を明確にする：何のためにどのような情報を得ようとするのかを明確にする。

・目的にかなった検査か：施行しようとする検査によって，必要十分な情報が得られるのか

・現実原則にかなったバッテリーなのか：上記の目的にかなうテストバッテリーが組めたとしても，その分量が多く被検者に過剰な負担をかけるようなものは意味がない

また，類似の心理検査を2つ実施することも，情報の信頼性を高めるためには意味があるだろうが，たいていの場合は異なる種類のもので，相互に補完しあう心理検査を組み合わせることが多い。そこで，能力面を測る知能検査と，性格面を測る心理検査を基本的なバッテリーとして組み合わせる場合が多い。

したがって，多くの心理検査についての知識と経験が検査者には必要となる。

第2節　心理検査法以外のアセスメント

ここでは心理アセスメントについて，心理検査以外の方法について説明する。臨床心理学に限らず，心理学一般でおこなわれるアセスメントの方法でもあるのだが，主なものとして，観察法，面接法，実験法がある。このうち，観察法と面接法の2つは最も基本的な方法であり，「見る」「たずねる」という行為を基礎にしている。つまり，「見る」ことによる方法を観察法，「見る」ことと「たずねる」ことを併用する方法を面接法と考えることができる（大西，1977）。

1．観察法

ある人の性格や心を知りたいと思ったとき，その人の行動を注意深く観察す

ることである程度わかるだろう。観察法とは，人の行動を自然な状況や実験的
状況のもとで観察，記録，分析し，行動の特徴や行動の法則性を明らかにする
方法のことである。観察する内容は，行動記述（行動のありのままの記述記
録），行動測定（姿勢，発語，やりとりのパターン，移動距離など客観的で観
察可能な側面の頻度記録），行動評定（声の大きさ，注意の程度，活動への集
中度など行動の程度の評定），印象評定（行動から受ける印象の評定）のいず
れかがおこなわれることが多い。観察法には大きく「自然観察法」と「実験的
観察法」がある。

　「自然観察法」は，対象となる人や集団をありのままに観察し，記述するこ
とによってデータを得る方法をいう。この方法では，人為的な操作を加えるこ
となく，自然な状況での行動をありのままに観察するものである。そのため観
察者は，観察者の主観的判断を排除し，できるだけ客観的に現象をとらえる必
要がある。とはいうものの，観察したい事柄がいつ起こるかまったく予想でき
ないような状況では，偶然にその事柄が起こるのを待たなければならない。そ
こで，一定の目標を定め，適切な場面を選択し観察する方法がとられることが
多く，これは「組織的観察法」とよばれる。たとえば，教室や運動場で休み時
間に児童のケンカが起きるのを観察するような場合である。

　一方，「実験的観察法」は，観察したい行動が生じるような環境を観察者の
側で設定し，その中で起こる行動を短期間のうちに数多く観察することを目的
とする。これは自然観察法と異なり，実験的な操作が加わるため，環境を操作
することにより，行動に影響する環境の影響まで明らかにすることができる利
点がある。たとえば，「幼児が遊び仲間に入れてもらうためには，どのような
行動をするか」を明らかにしたいとする。このとき，サクラの子どもが遊んで
いる所に幼児をつれてきて，そこで出現する行動を観察すればよい。その際
に，幼児とサクラの子どもの人間関係を変えることによって，仲間入り行動が
どのように異なるかなどについても観察することができる。

　このほかに，観察者が被観察者と関わりをもちながら観察する「参加観察
法」という方法もある。教師や保育士などが児童や生徒とまったく関わりをも

たずに観察だけに専念することが困難な場合，一緒に遊んだり活動しながら観察をおこなうこともできる。被観察者が観察者の存在を受け入れて慣れてしまえば，もはや観察者の影響は受けなくなるからである。

具体的な観察の手法は，以下の4種類である。

(a) 日誌法

親が子どもの行動を日誌に記録したりする。保育日誌や看護日誌なども含まれる。

(b) 事象見本法

焦点となる行動を決め，その行動の原因や行動の過程を分析する。観察者はある特定の行動（けんかや遊び）が生じたら，その原因や登場人物，行動のなりゆきや終結などを，時間とともに記録する。

(c) 時間見本法

行動を任意の時間間隔で区切り，その各々において起こった特定の行動を記録する。

(d) 評定尺度法

行動を一定時間観察し，被観察者の印象や，行動の強度や頻度を，形容詞や尺度で評定する。

観察法の重要な点は，観察によって得られたデータの信頼性である。つまり，同じ行動を観察すれば，いつ誰が観察しても，同じデータにならなければならない。そのためには，評定をおこなう際に，行動の分類の定義を明確にしておくことや，観察者の訓練も重要である。観察者も人間である以上，心理的なバイアスが生じることもある。たとえば，ハロー効果（みかけや事前の情報から作られた主観的判断に合うように行動をみてしまう傾向），寛大化エラー（行動をより肯定的にみてしまう傾向），中心化傾向（極端を避け，行動を中庸に評価しようとする傾向），対比的エラー（被観察者を自分とは違う特性をもっているとみてしまう傾向）などがある。ビデオやテープ，コンピュータなどで観察記録を保持しておくことも重要である。

2. 面接法

　質問紙法と同じく「たずねる」ことによる方法であるが，実際に対象者と対面して質問する。このため相手の表情や視線，動作や姿勢，話の間などの非言語的な反応も観察することができる。また，相手の回答内容に応じて，次の質問を柔軟に展開することもできる。面接法には，質問することによってデータを収集することを目的とする「調査的面接」と，クライエントの心の癒しをめざす「臨床的面接」に大別される。調査的面接は主に研究のデータを集めるためにおこなわれ，臨床面接はクライエントの心の状態を診断し治療するためにおこなわれる。

1) 調査的面接法

調査的面接法の特徴と種類

　調査的面接法の最大の特徴は面接者と対象者が直接に会い，双方向のコミュニケーションをおこないながらデータを収集することである。対象者の意識や経験を断片的に捉えがちな質問紙法とは対照的に，深い情報を得ることが可能である。しかしその反面，一度に多くの対象者からの情報は得にくく，面接者の面接の仕方によっても得られる情報が変わるという短所もある。多くの対象者から一度に情報が得られないということは，質問紙の項目を作成するための予備調査として用いるのに向いているといえるだろう。

　面接法は実施の仕方によって数種類に分類される。面接者と対象者が一対一でおこなう個人面接法，グループでおこなう集団面接法がある。さらに，対象者の内面深くにある動機や欲求を探るための面接法である深層面接法（depth interview），対象者のもつ意見や情報，意識などを知るための面接法である詳細面接法（detailed interview）などがある。

　一方，面接事態の構造から分類すると，構造化面接と非構造化面接とに分類される。構造化面接では，面接場面での質問事項が前もって標準リストとして

決められており，そのリストに従って面接をおこなう。これに対して非構造化面接は，質問のための標準リストは使用しないで進められる。一般的に対象者への指示は構造化面接と比べてほとんどなく，自由に答えることができるような質問がされることが多い。

面接法の基本的課題

第1に，面接者と対象者が直接会って一定の時間をかけて話を聞くのが面接法の特徴なので，面接者と対象者との関係づくりが問題となってくる。対象者からすると，匿名性がなくなること，面接者と対面していろいろ聞かれることへのわずらわしさ，一定の時間を割かなければならないという問題がある。第2に，面接者と対象者の間のラポール（信頼関係）の形成は重要である。面接者が対象者から信頼されなければ本当の考えや気持ちを話してもらえない。第3は面接の場所である。面接する場所がうるさかったり，面接に集中できなかったりすると正直な回答が得られにくい。

それでは実際の面接はどのようなプロセスでおこなわれるのか。まず，面接の対象者だが，構造化面接は統計調査としておこなわれることが多いので，無作為に抽出される必要がある。それに対し非構造化面接は面接者の研究のテーマが反映された選び方になる。また面接の場所や時間も充分に考慮しなければならない。なんらかのセッティングが必要な場合はそのセッティングが可能な場所でなければならないし，個人面接のように比較的長い時間を要する場合は静かで落ち着く場所を必要とする。多くの場合，面接者が場所を設定することが多い。

面接時間は，集団面接や深層面接では1時間から2時間の面接時間が普通である。面接の記録はことばについてはテープに記録するが身振りや表情の分析をするときには面接時に記録する必要がある。それが無理な場合は面接後，記憶を頼りに記録する。また集団面接ではそういうことは不可能なので，ビデオを使用する。面接は1回で終わることもあるが，時間をおいてフォローアップ面接をおこなう必要もある。聞き漏らしたことがあるときにも再度面接をおこなうことがある。

　面接結果の整理は，個人面接の場合には，個人の逐語録が基礎的資料となる。どのような非構造化面接でも必ず目的とするテーマがあるはずである。したがって調査目的にそって，ある程度具体的な複数のテーマに細分化し，各テーマごとに発言内容を整理する。

2)　臨床的面接法

　臨床的面接法には，診断的面接，インテーク面接，事例史的面接，関係者との面接がある。

○診断的面接

　精神医学的な面接であり，クライエントの訴える症状から，病態のタイプや程度を明らかにしようとするためにおこなう面接である。

○インテーク面接

　初回面接のことであり，クライエントの希望とクリニックの対応に焦点がおかれ，クライエントの欲求や動機などについて話し合うためにおこなう。

○事例史的面接

　クライエントがこれまでどのような生活をしてきたか，クライエントの現在の状況はどのようなものか，などのクライエントの生活史の概観を把握するためにおこなう。具体的には，クライエントの幼児期の体験や家族のこと，教育，職歴，趣味などについて聴く。

○関係者との面接

　生活史を補う情報として，クライエントの親や配偶者などを対象に面接する。このような面接では，クライエントが話したくなかったことや話せなかったことを知ることができるので，とくにクライエントが子どもの場合には非常に有効である。

3.　実験法

　実験法も観察法の1つであるが，これはある現象に関わっている複数の要因

について，その因果関係までを含めて明らかにしようとする方法である。実験法の特徴は，観察したいと思う状況を設定し，条件を統制するところにある。ある条件（独立変数という）だけを系統的に変化させて，他の条件を一定に統制し，行動（従属変数という）の変化を観察し，その変化を生じさせた要因を明らかにするという方法をとる。数式に直すと，$Y = F(X)$ で示すことができる。X を独立変数として入力した場合に，Y の従属変数がどのような値になるか，という物理学の実験を応用したやり方である。

　ほとんどの実験では，独立変数はいくつかの水準から構成されており，実験群と統制群を比較する。統制群とは，実験群で用いた変数以外の部分は，実験群とまったく同様に扱われる被験者群である。このように2つ以上の群の処理水準を用いて比べることによって，従属変数に及ぼす真の要因を特定できるのである。

　実験法は，以上のように実験室で厳密な統制をして実験をおこなうため，独立変数と従属変数の間の因果関係まで明らかにすることができるといった長所がある。しかし一方で，厳密な統制がおこなわれる状況で，われわれの生き生きとした日常の行動が反映されるのか，といった問題点も残される。つまり，被験者は実験場面という人工的に作られた中で，日常と同じように振る舞うことができるか，という問題である。

第3節　子どもの心理アセスメント

　ここではとくに子どもを対象にした心理アセスメントについて述べる。子どもの場合，自分の心やからだの状態をことばで表現する能力に乏しいため，ことばを用いた心理検査の使用は困難だったり，不正確な結果しか得られないことがある。そのような場合，アセスメントに必要な情報（生活史，親子関係，幼稚園での友人関係，教師との関係など）を，親や家族，教師との面接を通じて収集しなければならない。また，心理検査をおこなう際には，成人に比べて

子ども自身の機嫌や検査者との関係の良し悪しが大きな影響を及ぼすため，こ
れらの点に常に注意しなければ正確な情報を得られないだろう。

　子どもを対象におこなう心理検査を，その方法に基づいて分類すると，大き
く以下のように分類できる。

1.　方法に基づく分類

1)　総合検査──分析検査

　運動・社会性・言語などの諸側面の項目を年齢に応じて配列し，それぞれの
年齢段階の平均的な子どもの発達水準と，対象となる子どもの実際の水準か
ら，発達年齢などの総合的な測度を算出するものを総合検査という。一方，発
達をいくつかの側面に分類し，諸側面ごとに発達状況を測定し，その発達のプ
ロフィールをもとに発達のバランスを検討するものを分析検査という。

2)　直接検査──間接検査

　子ども自身に課題を与え，それに対する反応をもとに発達状況をみるものが
直接検査である。直接検査をおこなうと，発達の程度に関する比較的厳密な結
果を得ることができる。しかしそのためには，設備や用具が必要であるし，ま
たある特定の限定された場面での反応しかみることができないため，実際の子
どもの日常生活がそのまま反映されるとは限らないという短所もある。

　一方，間接検査は，母親や保母や教師など，子どもの養育にあたる者への質
問をもとに発達を検査する。このため，いつどこでも比較的短時間に，広く日
常生活にみられる行動に基づいた発達のアセスメントができる。しかし反面，
養育者の期待や誤解などが混入しやすく，客観性に劣る短所もある。

3)　診断検査とスクリーニング検査

　診断検査は，子ども自身に個別に直接検査をおこない，諸側面の発達を細か
く検討し，発達状況を診断する目的でおこなわれる。診断検査では発達状況の

《トピックス・12》

血液型性格診断は正しいか

「あの人はおおざっぱな性格だから，絶対に血液型はO型だよね」などといった会話を誰でもしたことがあるだろう。血液型と性格は関係があると信じて疑わない人は多いだろう。心理学でも多くの研究者が血液型と性格の関連について実証しようと試みてきたが，そのような関連を示すデータはこれまでにまったく得られていない。最近ではむしろ，血液型と性格の間に関連があると信じ込んでしまう心のメカニズムについての研究がおこなわれるようになってきた。このような心のメカニズムを説明しよう。

まずは，「私は友だちの血液型を必ず当てられるよ」と威張っている女性の場合。彼女はこれまでに，他人の血液型は必ず当たると威張っている。しかしそんなことはまずあり得ない。うまい具合に当たった場合もあれば，外れた場合もあるに違いない。ところが，都合の悪い「外れた場合」は無意識のうちに抑圧されたり歪曲されたりして，覚えていないのだ。外れたとしても，「確かにそういう面もあるよね」といった具合に，外れた言い訳をして自分を守ろうとする。むしろ当たった場合ばかり覚えているので，「いつも当たる」と思い込んで，ますます血液型性格診断を信じてしまうようになるのだ。

次に，ある人の血液型を知っている場合。たとえば恋人の血液型がB型だとしよう。この場合，B型に合う恋人の性格だけを選びだしてみてしまうため，「確かに彼はB型だわ」との思いをますます強くする。このような心のメカニズムを「確証バイアス」という。彼だって普通の人間なのだから，いろいろな面をもちあわせているはずなのに，B型らしくない部分は無意識のうちに無視してしまうのだ。

次に，自分の血液型が自分の性格とぴったりだと思い込んでいる場合。これも単なる思い込みである。このような思いこみを検証した実験を紹介しよう。

大村（1990）は，大学生と短大生279人を対象に次の実験をおこなった。彼は血液型性格診断の本から各血液型の性格特徴を20ずつ抜き出してリストを作り，被験者は各血液型の性格特徴というラベルがついた4種類のリストを読んで，自分に最もよく当てはまるリストを1つ選択させた。

実は，このリストはA型とO型，B型とAB型のラベルを付け替えてあり，A型の性格というラベルがついているリストの内容は，O型の特徴だったのである。人が何かを判断する

ときに, 内容よりもラベルやネームバリューによって判断してしまうことを「ラベリング効果」とよぶ。表1からわかるように, どの血液型のグループでも, 自分の血液型と同じラベルがついたリストを選択した人が最も多かったのである。

この研究からわかることは, 誰にでも当てはまりそうな性格リストを作っておけば, どのリストを読んでもラベルに影響されて, 「自分にぴったりだ」, と思ってしまうということである。また, 山岡 (1999) は同様の研究をおこなった結果, 血液型性格診断を信じている人ほど, このようなラベリング効果が大きく, まったく信じていない人にとっては, それは見られなかった。

さらに追い討ちをかけるように別の観点から説明するなら, 「血液型を決める遺伝子が性格までも決める」, などといったことは, 生物学的にも何の根拠もないのである。それに性格が遺伝子によって決まるものだという考えも, 現在では否定されている。育つ環境も重要であることは, 19ページの性格の層構造モデルからもわかるだろう。

また, 血液型性格診断などが流行っているのは日本だけの現象らしい。「動物占い」も同じ心のメカニズムがはたらいている。「陰陽五行説を基にしている」などといった枕ことばも, 信じさせるための光背効果 (ハロー効果) を高めるまじないのようなものである。「星座占い」,「姓名判断」などなど限りなくあるが, すべて同じことだといえる。

ただ, 筆者は個人的にはやはり当たっているような気がして, ついつい今週の血液型占いのページなど読んでしまう。やはりワクワクして楽しいものだから, お遊び感覚で楽しんでみる分には害はないだろう。

表 1 「ラベルつけかえ実験」の結果 (大村, 1990)

被験者の血液型	ラベルO（本当はA）	ラベルA（本当はO）	ラベルB（本当はAB）	ラベルAB（本当はB）	計
O型者	19	10	3	9	71
A型者	34	61	12	10	117
B型者	13	12	25	13	63
AB型者	4	1	2	21	28

■=ラベル表示にひっかかった人　■=本来の「血液型性格」を選んだ人

全体と細部の双方の分析ができ，指導の際の手がかりを得ることができる。しかしそのためには，時間や用具，検査に習熟した専門家が必要であり，多人数の子どもに実施することは難しい。

　一方，スクリーニング検査では，集団検診などの場で，大勢の中から発達遅滞や歪みが疑われる子どもをみつけ，専門家の精密な検診を必要とするか否かを診断するために用いられる。短時間に全体的な発達の程度を知る必要があり，そのために診断検査の項目数を減らしたり，上述の間接検査を用いたりする。スクリーニング検査では異常とされる子どもを正常として見落とすこと（underscreening），逆に正常な子どもを異常と診断すること（overscreening）は，最小にしなければならない。

2.　内容に基づく分類

　発達検査を内容によって分類すると，以下のように分類される。

1)　運動・感覚・反射

　運動発達のアセスメントは，まず子どもの運動をじっくり観察することが大切である。また，実験的観察，たとえば「ゆっくり歩いてごらん」と課題を与え，どのような行動がみられるかを観察する方法もある。さらに，あらかじめ標準化された運動発達尺度上のチェックリストをおこない，プロフィールを描いてみる。すると運動の中でも粗大運動はよく発達しているが，微細な運動の発達が遅れている，などのように個々の運動発達の状況がわかりやすい。

　次に子どもの感覚であるが，これをきちんとアセスメントすることは非常に重要な課題である。もし五感の中に異常があっても，小さい子どもの場合，自分の方から訴えないため，かなりあとになってから実は「聞こえ」に重大な障害があったということに気づくことがある。感覚間を相互にカバーしあっているためか，気づくのが遅れる場合もある。

　子どもの反射については，その出現と持続，消失の過程についてアセスメン

トする。反射の出現や消失の時期や順序には一定の順序性や方向性がある。新生児に出現する反射は原始反射とよばれるが，これが出現するべき時期に現れてこなかったり，ふさわしい時期に消失しなかったりするのは問題がある。反射のアセスメントは，反射検査マニュアルの基準を参考にしながら評価する。反射の現れ方は子ども一人一人で異なっており，強くはっきりと出現する子もいれば，弱々しく反応する子もいる。そのため，他の子と比較するだけでなく，その子の普段の状態からの変化にも配慮してアセスメントする必要がある。

2)　精神発達

　乳幼児の精神発達検査をおこなう際に留意すべきことがらは，以下の3つである。

　　・そのときの幼児の心身の状況によって結果が影響されやすい。

　　・課題意識に乏しい

　　・集中力に乏しく，人見知りを示す。

　したがって，結果を一律に読むのではなく，乳幼児の扱いに慣れて，施行時の行動の流れ全体から解釈していくことが重要となる。また1回の検査のみの結果で判断するのではなく，何回かの検査により発達過程を継続的に検討するのが良い。それは，発達はすべての側面で必ずしも一定の速度で進むものではなく，その速度も個人差が大きいからである。たとえば，初期の測定で表れた発達の遅れも，3歳までには平均的な水準に追いつくこともよくみられるのである。その意味でも，発達の診断には発達検査のみの結果ではなく，発育歴，行動観察，身体所見，養育態度などの環境要因を統合的に考慮しなければならない。代表的な発達検査には以下のものがある。

遠城寺式乳幼児分析的発達検査法

　障害児の早期発見と適切な診断を目的として作成された。その特徴は，精神面のみでなく身体的発達も含めて全人的に発達状況を分析的にとらえることが

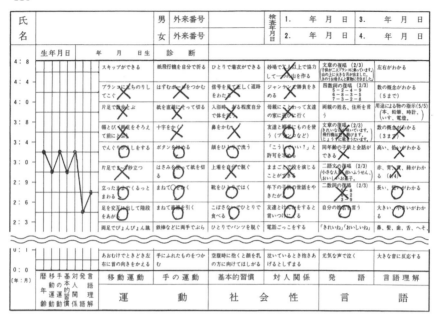

図 4-8　遠城寺式乳幼児分析的発達検査の一例

でき，短時間で発達に役立つプロフィールを出すことができることである。検査対象は 0 か月〜4 歳 7 か月までである。検査項目は，移動運動，手の運動，基本的習慣，対人関係，発語，言語理解の 6 領域にわけられ，それぞれが発達段階に沿って配列されている。図 4-8 のように各々の領域ごとに，年齢水準に適切な課題が順に配列されている。被検査者の生活年齢に近い欄から課題を始め，原則としてその課題ができたら，その上の（生活年齢の高い方）の課題を連続して課し，不合格の課題が 3 つ連続していたらうち切る。各発達年齢の検査結果をグラフ記入欄に印をつけ，これらの点を結ぶとプロフィールが得られる。生活年齢より上にあるものは良好な発達，下にあれば遅れていると判断される。

津守式精神発達診断法

本検査は，乳幼児の日常生活場面の観察に基づいて，発達の診断をしようと

するものである。そのため乳幼児に親しく触れている人ならば，誰でも容易に観察できるような行動を選んである。したがって，母親自身も用いることができ，保育所や幼稚園の保育担当者でもよく，また第三者が母親や保育担当者に子どもの発達状態をたずねる方法をとることもできる。内容は，運動 97 項目，探索・操作 101 項目，社会 90 項目，生活習慣（食事・排泄・生活習慣）77 項目，理解・言語 73 項目の合計 438 項目よりなる。0〜3 歳については点数化し，発達指数の計算ができるが，3〜6 歳については発達指数の計算はできない。発達診断としては，指数に換算するよりも，だいたいの概略で何歳程度というようにみるのがよいという考えもある。

3)　知　能

　知能の問題が表面化する場合の多くは，親や教師からの間接的な訴えによることがほとんどである。たとえば，3 か月微笑がない，発語が遅い，ひとり歩きができないとの訴えにはじまり，発達とともに，運動・言語・社会的生活能力・情緒の遅れなどが目立ってくる。問題行動としては，多動，爪かみ，偏食，パニック，自閉，精神遅滞，てんかん，脳性マヒなどとして表れる。

　学童期にはいると，読み・書き・計算ができない（とくに抽象的思考を要する算数ができない），意欲がない，集団に参加しない，学校に行きたがらないなどといった症状として表れてくる。これは，知能の問題は乳幼児期には未分化であり，他の側面との関わりが強いため，単に知的活動に表れるのではなく，運動・言語・社会性・情緒など他の側面に反映されるためである。それが発育とともに問題が分節化されて，はっきりとした症状となって表れてくるのである。

　個別に知能のアセスメントが必要になるのは以下の場合である。
・子どもの一部か全面にわたって発達の遅れがある場合
・学業不振がある場合
・精神遅滞が疑われる場合
・自閉症（知的障害を有する場合が多い）が疑われる場合

・脳性マヒ，てんかん，視聴覚言語障害，情緒障害など心身上の疾病や障害
が，知的活動に影響を与えている疑いがある場合
・団体式の知能検査で極端に低い領域がある場合

　知能のアセスメントをおこなう際に気をつけなければならないことは，生育
史，観察，面接，知能検査などのすべてを包括しておこなうことである。生育
史については，胎児期，周産期，新生児期，幼児期から現在までの間に，脳に
直接，器質的・機能的な障害を与えるような疾病や事故がなかったかどうか，
さらに誰が，いつ，どこで，どんな育て方をしてきたのかについても調べる必
要がある。さらに，知能の病理的側面（遅れや偏り）だけではなく，その健全
な側面をも含めた全体的な特徴や構造を捉えることである。

　知能検査の結果測定された知能は，IQ（知能指数）として数字で示される。
このIQのわずかの数値差にこだわる必要はなく，目安として押さえておけば
よい。文部省（1980）の説明によると，軽度の場合（50〜75）には，抽象的な
思考を要する知的活動の困難性はあるが，適切な教育がおこなわれれば，自立
した社会生活ができるようになることが多い。中度の場合（20または25〜50）
には，適切な教育がおこなわれれば，言語による意思の交換をある程度できる
ようになり，多少の介助を受けて，身辺生活を処理したり，社会生活に参加す
ることができるようになる。重度の場合（0〜20または25）には，学童期をす
ぎても言語をほとんどもつことができず，身辺生活の処理にもかなりの介助を
必要とする，とある。

　したがって，精神遅滞があったり，知能構造に偏りがある場合，知能の発達
を阻止したり，遅滞や偏りを促している要因を見極める必要がある。阻害され
ている場合，一般的には発達期（18歳まで）に，脳に直接の影響を与える病
気や事故，養育刺激の不足などが考えられる。

　具体的によく用いられる知能検査は以下のとおりである。

WPPSI (Wechsler Preschool and Primary Scale of Intelligence)

ウェクスラー式の知能検査で4歳〜6歳半までの幼児を対象とする。言語性

表 4-1　WISC-IIIの下位検査の概略

下位検査	説　　明
1　絵画完成	絵カードを見せ，その絵の中で欠けている重要な部分を指さしながら言葉で答えさせる。
2　知　　識	日常的な事柄や場所，歴史上の人物等，一般的な知識に関する質問をしてそれに言葉で答えさせる。
3　符　　号	幾何図形（符号A）または数字（符号B）と対になっている簡単な記号を書き写させる。子どもは，見本を手掛かりに，問題の幾何図形の中（符号A）または数字の下（符号B）にそれぞれ対応する記号を置く。
4　類　　似	共通のもの，あるいは共通の概念を持つ2つの言葉（刺激語）を口頭で提示し，それらのものや概念がどのように類似しているか答えさせる。
5　絵画配列	短い物語を描いた何枚かの絵カードを決められた順序に並べて見せ，物語の意味が通るように並べかえさせる。
6　算　　数	算数の問題を口頭で提示する。子どもは紙や鉛筆を使わず暗算で答える。
7　積木模様	モデルとなる模様（実物またはカード）を提示し，同じ模様を決められた数の積木を用いて作らせる。
8　単　　語	単語（刺激語）を口頭で提示しその意味を答えさせる。
9　組 合 せ	ビーズを特定の配列で提示し，それを組合わせて，具体物の形を完成させる。
10　理　　解	日常的な問題の解決と社会的なルールなどについての理解に関する一連の質問をして，それに口頭で答えさせる。
11　記号探し	左側の刺激記号が右側の記号グループの中にあるかどうかを判断させ，回答欄に〇をつけさせる。
12　数　　唱	検査者が決められた数字（数列別）を読んで聞かせ，それと同じ順番で（順唱），あるいは逆の順番で（逆唱）その数字を言わせる。
13　迷　　路	迷路問題を解かせる。子どもは迷路の中央にある人の印から始めて，袋小路に入ったり，壁を突き抜けたりしないようにして，出口まで鉛筆で線を引いていく。

検査5種類（知識・単語・算数・類似・理解）と，動作性検査5種類（動物の家・絵画完成・迷路・幾何図形・積木模様）と補充問題1種類の合計11種類から構成されている。言語性IQ，動作性IQ，全検査IQを求めるのもWAIS-Rと同様である。

WISC-III (Wechsler Intelligent Scale for Children)

ウェクスラー式の知能検査で5歳〜15歳までを対象にしたものである。言語性検査6種類（知識・類似・算数・単語・理解・数唱）と，動作性検査6種類（絵画完成・絵画配列・積木模様・組み合わせ・符号・迷路）によって構成されている。表 4-1 の順序でおこなわれ，動作性検査と言語性検査を交互におこなう（奇数番号が動作性検査，偶数番号が言語性検査）。開始する問題番号は年齢によって異なるが，精神的に障害があると思われる子どもはすべて1番から開始する。言語性 IQ，動作性 IQ，全検査 IQ を求めるのも WAIS-R と同様である。

4) 性　格

子どもの性格は，遺伝的に親から受け継いだ部分に，幼少期の両親の育児の仕方や環境の影響が加わり形成されたものである。

A．性格の発達

性格の発達のモデルによれば（図 4-9），幼児期から成長するにつれて，性格の核となる部分に多くの特性が付加されて分化していく様子がわかる。中心部は衝動，願望，要求などの行動を引き起こすエネルギーになる部分である。周辺部は，友達との交際や，学校生活，社会的役割など，環境の影響によって形成される部分である。

B．幼児期の性格の問題

ここではとくに幼児期に問題になる性格についてあげよう。

（1）わがまま

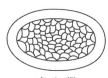

幼児期　　　　　　　　児童期　　　　　　　　成人期

図 4-9　性格の発達（Nunn, 1962）

特徴：自分のことだけを考え，他人の気持ちを考慮しない。要求や主張が受け入れられないと，幼児の状態に退行し，強い自己中心性を表す。

原因：親に甘やかされた子どもに多い。子どもの要求どおりに行動したり，ご機嫌をとるために何でも買い与えたりするとわがままになってゆく。弟や妹が生まれたことが引き金になる場合もあるし，親のわがままさの模倣であることもある。

(2) 劣等感

特徴：劣等感は，すべての領域に起こるわけではなく，自分にとって価値がある特定の領域で不安や恐れをもつときに起きる。強い劣等感をいだくと，自信をなくし，引っ込み思案になったり無気力になったりする。

原因：知能や学業成績が劣ったり，身体的欠陥があるときなどに劣等感をもちやすい。また，過敏に育てられた子どもは，社会的適応がうまくできずに劣等感をいだきやすい。また親の完全主義的な躾によって，自分に対して高い目標水準を設定した結果，それが実現できずに劣等感をいだきやすくなる。また，いつも他のできる子どもと比較するような育児をするのもよくない。

(3) 内気

特徴：内気には家庭では元気にはしゃぐが，家庭外では非社会的になる子どもと，内でも外でも常に内気な子どもがいる（守屋, 1961）。自分の殻に閉じこもりがちで，無口で引っ込み思案，集団場面を嫌う傾向がみられる。

原因：知能の遅れや，身体的なハンディキャップがあることが原因になることがある。また，過保護など親の躾の誤りから，同年輩の子どもと交われなく，非社会的な性格になってしまうこともある。

(4) ひねくれ

特徴：強い不満が根底にあり，自分の思いどおりにならないと，すねたりひねくれたりという形で要求を押し通そうとする。甘えや同情をひこうとする気持ちが背後にあることが多い。

原因：親が他の子どもを偏愛したり，自分をかまってくれないという不満から生じる。または，親の拒否的態度を敏感に感じとった結果，ひねくれること

もある。

（5）短気

特徴：空腹，疲労，睡眠不足などの生理的欲求が満たされない場合や，強いフラストレーションから生ずることが多い。かんしゃくは，自分の要求を押し通すための手段となる。

原因：拒否的で厳しい罰を与えられた子どもや，甘やかされた子どもに表れやすい。かんしゃくによる要求を簡単に受け入れていると，かんしゃくがますます強まっていく。また，社会生活への適応がうまくいかない結果であることもある。

3. 子どもに対するその他のアセスメント

心理アセスメントには主として上記のような種々の心理検査が用いられるが，心理検査は言語が中心になるため，言語的な能力に障害がある子どもや，アセスメントに必要なその他の情報（たとえば親子関係，幼稚園での友人関係，遊びの特徴など）を得るためには心理検査以外のアセスメントが必要になる。たとえば以下のようなものがある。

1）遊戯面接

子どものアセスメントには，大人と異なり言語を介しておこなうことには限界がある。幼少期の子どもに対する有力な面接の手段の1つに遊戯面接がある。「子どもは遊びが仕事」といわれるように，遊びは子どもにとって生活そのものであり，心のあり方が遊びに表現される。そこで子どもと遊びながら接することで，子どもについての情報を得ることができる。場面設定は以下の2つに大別される。

○自由な雰囲気の下での遊戯面接

遊戯面接室に用意される玩具は特定せず，子どもが興味をもてるものであればいくつあってもよい。子どもはその部屋で自立的に自由に遊ぶことができる

が，面接者に身体的危害を加えたり，玩具を故意に壊したり，部屋の外に出ることは禁止される。面接者は子どもの情報を集めたいばかりに，主導的に面接を運ぼうとすることがあるが，これはやってはならないことである。

○制限された状況下での遊戯面接

集めたい情報が表れやすい玩具をあらかじめ用意しておくとか，遊び方の制限をして面接を進める方法である。人形遊び，粘土遊び，ウィニコットの開発したスクイッグル法のようなお絵かき遊びなどがこれに含まれる。

2)　場面観察

親や教師との面接から得られた情報が，遊戯面接から得られた情報と整合しないときなどは，幼稚園に出かけ，子どもの対人関係や遊びの特徴などを直接観察することも重要である。そして面接者が得た情報と，親や教師が言っていることとの間にくい違いがあれば，親や教師にそれをフィードバックしながら面接を続け，そこからさらに違った情報を得る必要がある。たとえば，子育てに自信がなかったり子どもを虐待するような親は，正しい情報を報告するとは限らない。

考えてみよう④

○街中で，具体的なテーマを決めて，人の行動を観察してみよう。
　たとえば，並んで歩いているカップルは，男と女でどちらが右側，左側を歩いているか？　また，それはなぜだろうか？

○「心理検査」と，「占い」や「ココロジー」の違いはなんだろうか。

第 5 章

心理的問題に対するアプローチ

　心の問題を癒す心理療法の種類は，非常に多くのアプローチがある。それは心の問題の考え方や人間観が各々の学派によって異なるからである。そして，どの学派の考えが正しく，どれが間違っているなどということもない。しかし，どんな治療法でも同様に効果があるわけではなく，症状によって得手・不得手があることも事実である。しかしカウンセラーとしては，最も効果があることが証明された治療法で治療をおこなう社会的責任がある。

第1節　心理療法の分類

　まず，心理療法の特徴について分類すると，大きく3つに分類できる。第1は，心の問題をもつ人の心理面に働きかけて，症状を治療，矯正，変容することを目的としたものである。この立場では，来談者中心療法や精神分析療法などのように，主としてことばのやり取りを通して治療していくのが特徴である。

　第2に，クライエントの「心」に直接働きかけるのではなく，表面に表れた症状に対して働きかける心理療法である。こちらは治療には言語を用いた治療ばかりでなく，身体的機能や行動面，あるいは生理的な反応に働きかける技法を用いる。もともと心理療法は第1の考え方から出発し，それが主流をなしていたが，今日では第2の考え方も多く取り入れられるようになった。とくに子どもの問題は，たとえばうまく遊ぶことができない，多動で落ち着きがない，食欲がないなどの行動面や生理面の障害として表れることが多い。また子どもは洞察力や判断力が低かったり，悩みをきちんとことばで伝えることに困難があったりするため，子どもに対するアプローチには，言語で内面にはたらきかけるアプローチよりも，行動面や身体面に直接はたらきかける方が効果があることが多い。

　第3に，これまで個人単位でおこなわれてきた治療を，家族療法のように，家族を1つのシステムとして治療対象としたり，あるいは不適応な状態にある人たちを集めて相互に悩みをわかち合い支援しあうグループセラピーのよう

に，集団を視野に入れた心理療法である。

第 2 節　心理的問題に対するアプローチ

　現在，世界の心理療法を見渡してみると，主流といわれる流派が 3 つある。精神分析療法，クライエント（来談者）中心療法，行動療法である。現在にいたるまでに，これら 3 つの心理療法からいろいろな種類の学派が分かれ，現在の心理療法の系譜を作っている。まず，これら 3 つの心理療法について紹介しよう。

1．精神分析療法

　オーストリアの精神科医フロイトが創始した心理療法である。フロイトは現代の臨床心理学や精神医学をはじめ，哲学，文化に多大な影響を与えた人物である。フロイト以前の 19 世紀の心理学は意識が中心であったが，フロイトは無意識の概念を発見し，体系づけた。無意識は，過去から現在に至るまでに蓄積されてきた，さまざまな経験が通常は意識されずに心の深層にうごめいており，時によって意識に浮かび上がってきたり消えたりする。人は意識すると脅威に感じる感情や欲望や記憶を，無意識の中に抑圧しようとするのである。

　フロイト以降，現在では自我心理学派，対象関係学派（文化学派），対人関係学派，自己心理学派などにわかれている。

1）　パーソナリティの力学

　第 2 章の図 2-1 をみていただきたい。フロイトの考えでは，パーソナリティの構造は，イド，自我，超自我の 3 つの構造から成っている。そしてこの 3 つの体系を動かすエネルギーを「心的エネルギー」という。人の心的エネルギーは一定であるため，たとえばそれがイドに多量に流入している人は，自我や超

自我の部分には供給されにくい。このような人は衝動的な性格になり，自我への配分が多い人は現実主義的になり，超自我への配分が多い人は道徳主義的になる傾向がみられる。これを「心的エネルギー」の配分という。

2) 神経症論

フロイトの神経症論は，ヒステリー患者の治療経験によって創られた。ヒステリーの症状とは，失立（立っていられない），失歩（歩くことができない），失声（声がでない），視覚障害，発熱，健忘，もうろう状態などである。これらの背後には隠れた意味と動機が潜んでおり，その人の体験と深い関わりがあって生じているが，実際には当人には症状の意味はよくわかっていないことが多い。分析家との治療関係の中ではじめてその意味が理解されるようになるのである。

フロイトは神経症を「精神神経症」と「現実神経症」に分類した。それぞれ，以下のような症状である。

(1) 精神神経症

症状の原因となる情動が，過去の性的な外傷体験に対する葛藤であるとされる。具体的には，ヒステリー，強迫神経症（無意識の心的葛藤を身体症状へと転換することができないために，より受け入れやすい表象に転置したもの），恐怖症（強迫神経症と同じ心理機制）などがある。

(2) 現実神経症

症状の原因となる情動が，現実の性生活に関連しているもの。具体的には，不安神経症（身体的，精神的な欲求不満がつのって不安の症状として表れたもの），神経衰弱（身体的に性的な欲求を処理し得なかったために生じたもので，不眠，疲労感，頭痛，肩こりなどが表れる）などがある。

(3) 治療

精神分析療法の治療技法には，「自由連想法」が用いられる。自由連想法のやり方は，まずクライエントを寝椅子に仰向けに横に寝かせ，治療者はクライエントの頭の方に置かれた椅子に座る。クライエントは自分の脳裏に浮かぶこ

とをありのままに話すよう，つまり何でも自由に連想するように要求される。このようにすると，クライエントは治療者の姿が見えないため，クライエントの目を内界に向けさせ，退行を促進する。そのため過去の親子関係や幼児期の体験が蘇りやすい。治療回数は標準型精神分析の場合で週6回，軽症の場合は週3回である。

　また簡易型の精神分析的心理療法の場合では，寝椅子を使わずに対面法でおこない，回数は週1回～3回である。これは自由連想よりも対話や質問─応答形式に近いやり方である。精神分析の素材としては，自由連想や自由連想中に語られる夢が主なものだが，子どもの場合は，遊戯療法が用いられるため，子どもは自分の不安や無意識の欲望，葛藤などを遊びの中に表現するなかで治療がおこなわれる。

　次に患者が自由連想法で表現した内容を解釈する。これは，クライエントの問題の背後にある無意識の性質や，不安の源泉を明らかにし，夢の意味などを取り出してクライエントに伝えるのである。それによってクライエントは，これまで自分を苦しめてきた葛藤や感情に対して「ああ，なるほど。そうだったのか」と安心して納得するのである。解釈はその対象によって，内容解釈（語られた内容の意味をとりだす），防衛解釈（語ることへの抵抗について分析する），転移解釈（以下で説明する）にわけられる。解釈は患者に自我構造の変化をもたらすような洞察を引き起こさせるために不可欠である。

　治療の際のカウンセラーとクライエントの関係をフロイトはとくに重視した。カウンセラーとクライエントの関係に表れるのが「転移」と「逆転移」である。転移とは，クライエントが過去の重要な人物との関係を，治療場面でカウンセラーとの間に再現することである。治療の初期には，クライエントは治療者の暖かく十分に話を聴いてくれる態度に尊敬し，信頼し，愛情を向けてくる場合が多い。

　このように，治療の効果を促進する働きをする転移を「陽性転移」という。しかし，クライエントが「もっとカウンセラーと親密な関係になりたい」，「カウンセラーにもっと愛されたい」といった欲求をもつようになると，それらは

満たされることはできない。しだいにクライエントは欲求不満になり，カウンセラーを信頼できなくなり，今度は不信感や怒りといった陰性の感情に変化する。これを「陰性転移」とよぶ。陰性転移が出現すると，クライエントの症状が悪化したり，治療の時刻に遅刻したり無断で休んだり，沈黙が長く続いたりする。このような治療を妨げるようなクライエントの行動や態度を「抵抗」という。

転移や抵抗が表れることによって，カウンセラーは神様のように崇められたり，逆に無能者のように軽蔑されるなど，クライエントのさまざまな感情がカウンセラーに向けられる。するとカウンセラーもさまざまに反応し，自分を偉大な人間であるとか，無能な人間であると考えてしまう場合がある。これはカウンセラーの無意識の願望やパーソナリティの問題点が表れたもので，「逆転移」とよばれる。カウンセラーは教育分析（カウンセラー自身が別の精神分析家から精神分析を受けること）や自己分析を受け，絶えず自己自身を認識することが大切である。

2. クライエント（来談者）中心療法

1) クライエント中心療法の特徴

クライエント中心療法は，アメリカの心理療法家，カール・ロジャース（Rogers, C.）によって創始された心理療法である。いわゆるカウンセリングとよばれ，日本でも最も普及している心理療法の1つである。

名前の由来からもわかるように，あくまでクライエントを尊重し，クライエント自らの力で問題に気づき，立ち向かうことができるように，カウンセラーが支えるといった印象が強い。たとえば，辛いことがあったときに，誰かに批判なしに聞いてもらうことで気持ちが整理できた，というような場合である。このとき，相談した相手の「そうなんだ，たいへんなんだね。辛いんだね」とわかってもらうことで，何となく嬉しくなって元気がでてきた，というような経験は誰にでもあるだろう。このような場合，問題をどのように解決したらよ

いのかといったアドバイスは何ももらっていないにも関わらず，「自分は相手に尊重されているんだ」，「受け入れられてわかってもらえたんだ」という感じが，いきいきと生きる力を与えてくれるのである。

　歴史的には，いろいろな異なる面が強調されてきた経緯がある。第 1 期は，非指示的（ノンディレクティブ）な特徴が強調され，第 2 期は「来談者中心」という態度が強調され，第 3 期には治療場面でクライエントとカウンセラーが体験していることが強調され，第 4 期はクライエントがグループのメンバーと防衛や偽りなく深く関わるエンカウンターグループが強調された。

2)　クライエント中心療法の基本

　すべての心理療法では，カウンセラーはクライエントの話に聴き入ることに始まる。クライエント中心療法では，そのカウンセラーの傾聴の態度がとくに重視される。傾聴とはクライエントの話の中の単語や構文，全体の流れに注意を向けて，かつゆとりをもってクライエントの声や息づかいや沈黙にも全身全霊で聴き入ることである。そのためには，クライエントの発声や呼吸の微妙な変化までもカウンセラーはしっかりと受け止める感覚を養う必要がある。

　ここで「聴く」という態度を理解するために，「訊く」，「聞く」と比べてみよう。「訊く」とは，「言（ごんべん）」がついているように，ことばで相手に質問して情報をききだすことである。たとえば，母親が子どもに「宿題やったの？」と尋ねる場合である。「聞く」の場合は「耳」の字が入っていることから，相手の声や鳥の声などを聞く場合である。そして「聴く」には「心」が入っているように，相手の話に耳を傾けて，心で聴くのである。

　このような傾聴をしながら，カウンセラーはクライエントの感情に焦点をあわせ，共感することが求められる。共感とは，ただ「ああ，そうですね」と言って頭で理解するのではなく，クライエントと共に感じることである。いわば「この人はこんな風に感じているんだな」と感情でわかる理解の仕方である。この場合，あたかも「相手の気持ちになったかのような」理解がなされるべきであり，「相手とまったく同じ感情をいだくこと」ではない。そこには，「あな

たの感じに心から温かく共鳴するけれど，あなたはあなたで私は私です」という厳しさがある。この厳しさはまた，唯一無二の人間という存在に対する尊重でもある。

　ロジャースによると，心理的問題は，自分が経験していることが，十分に自己に組み込まれていないために起こる。したがって治療は，「経験と自己を一致させること」が目標となる。「経験」は，ある時点で生起している感覚や知覚，感情や欲求，思考や認知の総体である。一方「自己」とは，自己概念のことであり，その時点で意識される自己の知覚や感情や思考の総体である。したがって「経験と自己の一致」とは，全経験を意識することにほかならない。人は元来，経験をそのまますべて意識できるのだが，成長の過程でそれがしばしば解離していく。たとえば，親は自分の子どもがある特定の行動をするときにだけ肯定的な反応をする。すると子どもは，自分の経験の中で，親から肯定された部分をより意識しやすく，肯定されなかった部分を意識しないようになる。意識されない部分は自分にとって認めたくないため，否認したり歪曲したりするようになる。その結果，神経症などの心理的問題が引き起こされるのである。ロジャースによれば，こうした自己と経験の不一致は，カウンセラーが以下の3つの条件を満たすときに解消できると考えた。

　①カウンセラー自身の自己と経験が一致している（congruence, genuine）こと。つまり，「自分は認められる部分も，認めたくない部分もあわせもっている不完全な存在である」という事実を受け入れ，それでも認められる部分を増やしていこうという態度をもつこと。よく見せようと自分を繕うことなく，透明にありのままの自分であり続けることである。

　②カウンセラーがクライエントに対して，無条件の肯定的関心（unconditional positive regard）を経験していること。これは，クライエントの良い点，悪い点を評価するのではなく，クライエントのすべてをありのままに，何ら条件を加えることなく受け入れ，尊重することである。一個の人格として好意を持たれ，尊重されているという安心感は，生きる意欲を与えてくれる。

　③カウンセラーがクライエントの内的準拠枠（internal frame of reference）

を共感的に理解（empathetic understanding）していること。内的準拠枠とは，クライエントのものの見方や感じ方のことである。共感的な理解とは，前述のとおりである。

3)　治療の目標

治療の目標は，クライエントの問題を直接的に解決しようとするのではなく，クライエントが心理的な成長を遂げるように援助することによって，現在そして将来の問題によりよく対処できるようにすることである。つまり，焦点は問題にあるのではなく，クライエント自身にあるのである。ロジャースは，治療後にみられる人間像を，「十分に機能する人（fully functioning person）」とよび，その特徴を3つあげている。

(1) 自分の経験に開かれていること

自分に起こるすべてのことを，必要なときに十分に感じたり意識することができるということである。たとえば，悲しいときに無理して強がったりその感情を押さえ込んだりするのではなく，悲しさをそのまま感じる体験ができることである。

(2) 実存的に生きている，瞬間瞬間に生きていること

過去の失敗などにとらわれることなく，あるがままの本物の自分として，今ここで新しい自分として生きるということである。

(3) 自らを，それぞれの状況で，最も満足のいく行動に到達するための信頼できる手段とみなしていること。

その瞬間瞬間に自分が正しいと感じたことをすることで，他人の意見に惑わされず自信をもって行動することができ，自分を信頼できるようになるのである。

3.　行動療法

行動療法は，もともと伝統的な学習心理学から導き出されてきた行動の理論

を，人間の心理的問題にも応用しようとしたことが出発点であった。そのため，心理的問題は不適切な学習の結果，または適切な学習がなされていない結果であると考える。そこで治療は，クライエントの行動に影響する外的環境や刺激を操作して，不適切な学習を消去したり，適切な学習を再学習させればよいわけである。

　行動を消去したり再学習させる方法として，さまざまな技法が開発されているが，大きくレスポンデント条件づけ（古典的条件づけ）とオペラント条件づけ（道具的条件づけ）にわけられる。

1)　レスポンデント条件づけ（古典的条件づけ）

　20世紀初頭におこなわれたロシアの生理学者，パブロフ（Pavlov, I. P.）のイヌの唾液の条件反射の実験に始まった。レスポンデントとは，意図的に環境に働きかける反応ではなく，刺激に応える（respondent）形で引き出される受動的な反応という意味である。パブロフはイヌを被験体にし，唾液分泌を条件づける実験をおこなった（図5-1参照）。

　まず，メトロノームの音（条件刺激：CS）を呈示してもイヌは唾液を出さないことを確認した後，イヌにエサ（無条件刺激：UCS）を与える。すると唾液の分泌が生じる（無条件反応：UCR）。そしてイヌにエサを与えるのと同時か少し前にメトロノームの音を聞かせる手続きをくり返す。つまり，CSとUCSを対にして呈示する手続きをくり返す。するとしだいに，メトロノーム

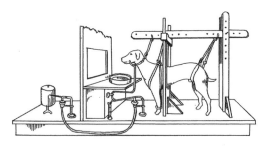

図 5-1　パブロフのイヌの古典的条件づけ
(Yerkes & Margulis, 1909)

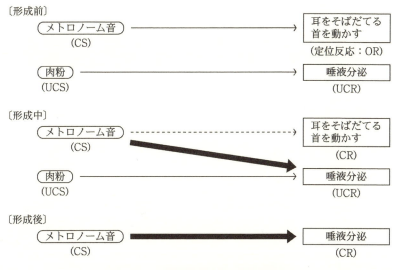

図 5-2　古典的条件づけの形成過程

の音を聞いただけでも唾液の分泌をするようになる。つまり，CS と UCS の対呈示をくり返すことによって，CS に対して CR が新しく結びつくのである（図 5-2 参照）。

　その後ワトソン（Watson, J. B.）は，乳児の恐怖条件づけ（CS に白ネズミ，UCS に大きな音を用い，白ネズミに対する怖れの反応を引き出すような条件づけ）にこの理論を応用した（図 5-3 参照）。このようにレスポンデント条件づけは，不安，怒り，恐怖のような情動反応の学習や，そのような情動に関連した神経症や心身症の治療に用いられる。

2）　系統的脱感作法

　不安や恐怖といった自律神経系の反応は，それと競合する反応，つまり不安や恐怖を抑える反応を利用することによって弱めることができる。この原理を逆制止または拮抗条件づけという。系統的脱感作法は，この逆制止の原理に基づく技法である。不安や恐怖を抑える反応としては，弛緩反応を利用する。弛緩反応すなわちリラクセーションを導く方法としては，漸進的弛緩法や自律訓

① 条件づけ以前には，子どもはウサギに
　対して積極的に行動する

② 子どもが白ネズミを見ているときに大
　きな音を鳴らすと，その後は白ネズミ
　を恐れて迂回するようになる。

③ 白ネズミだけではなく，ウサギからも
　遠ざかろうとする。

③ 恐怖反応は，白いもの，毛のあるもの
　に広く般化する。

図 5-3　乳児に対する恐怖条件づけ（Watson & Rayner, 1920）

練法などがある（トピックス 10 参照）。

　系統的脱感作法のやり方であるが，まず不安や恐怖を生じさせる刺激場面
を，不安や恐怖の程度に従って段階的に並べた不安階層表を作成する。不安や
恐怖の程度は，自覚的障害単位（SUD）で評価する。これはその不安や恐怖
の程度が最高の場面を 100，まったくない場面を 0 として，それぞれの場面に
ついて刺激の強さを 5〜10 点刻みで評価し，合計 10 場面程度を用意する。不
安階層表が完成したら，その刺激の程度が最も低い場面をイメージさせ，その
ときの SUD を記録する。

　イメージした結果，不安や恐怖が喚起されるが，そのときすかさず弛緩反応
をさせ，リラックスさせる。この手続きをくり返して，1 つの場面で SUD が
5 点から 10 点以下になれば，より刺激の強い場面へと移行する。刺激が最大

表 5-1　**スピーチフライトの不安階層表の一例**（坂野，1984）

段階	不 安 場 面	SUD
1.	家の人と自宅で話をする	10
2.	仲の良い友人と話をする	15
3.	知っている人と電話で話をする	20
4.	知らない人と電話で話をする	35
5.	知らない人に道を聞かれて答える	35
6.	先生に何か聞かれて答える	40
7.	先生の伝言を他の先生に伝える	60
8.	教室で自発的に発表する	75
9.	本読みで順番がきて読む	90
10.	本読みを急に指名されて読む	100

の場面への SUD が 5 点〜10 点になったら治療を終結する。

　なお，クライエントのイメージ力が弱いためこの方法が適さない場合には，現実脱感作法が用いられる。これは，イメージを用いるかわりに，現実の場面に直面して不安や恐怖を弱める方法である。系統的脱感作法は，不安・緊張・あがり・登校拒否・心身症・神経症の改善などに適用されている。

　たとえば坂野（1984）は，スピーチフライト（難発性吃音）の症状をもつ女児（13 歳・中学 1 年生）に系統的脱感作法と現実脱感作法を適用し治療した。系統的脱感作法に用いた不安階層表は表5-1 のとおりだった。不安に競合する弛緩反応として用いたのは，自律訓練法によるリラクセーションを利用した。治療は 14 セッションおこなわれたが，第 11 セッション以降は現実脱感作法も実施された。その結果，第 13 セッションまでに不安階層表のすべての場面への不安が消去され，クライエントの家庭と教室での発話行動が改善した。

3)　オペラント条件づけ

　前述のレスポンデント条件づけとは異なり，本人の意思による行動の結果，それにどのような刺激が伴うかによって，その行動が増減するような条件づけのやり方である。オペラント条件づけの創始者であるスキナー（Skiner, B. F.）は，スキナー箱を考案し，ネズミやハトを被験体に用いて多くの実験をお

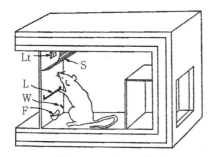

ネズミがレバー（L）を押し
下げると，食物皿（F）に食
物が（あるいはWから水
が）与えられる。Ltは照明，
Sはスクリーン。

図 5-4　スキナー箱 (Keller & Schoenfeld, 1950)

こなった（図5-4参照）。ネズミを用いたテコ押し反応の条件づけの手続きは以下のようであった。

　空腹のネズミをテコ（CS）が設置されているスキナー箱に入れると，はじめは箱の中を探索するだけだが，そのうち偶然にネズミが自らレバーを押す（CR）。するとエサがでてきて（UCS），ネズミはそのエサを食べることができる（UCR）。このようなことを何度かくり返していると，レバーを押す頻度がだんだん高くなっていく。つまり，ネズミが自らした行動に対して，エサをもらえるなどのいいことがあると，その行動を起こす確率が高くなるのである。

　このような，ある行動を増大させるために与える刺激を「正の強化子」とよび，行動を減少させるために与える刺激を「罰」とよぶ。人間の行動の先行条件（弁別刺激）や結果条件（報酬や罰）をどのように調整するのかが，行動のコントロールにとって重要である。つまり，クライエントがある行動をしたとき，その行動が望ましいものだとしたら増大させ，望ましくない不適切な行動だとしたら減少させるように，そのクライエントの周囲の環境を調節するのである。この条件づけには，主に3つの技法がある。

正の強化法

　望ましい行動がみられた直後に，正の強化子（お菓子や賞賛など）を与えることによって，その行動の頻度を増大させようとする技法である。たとえば，トークンエコノミー法とよばれる技法では，ある決められた望ましい行動をす

るたびに，一定のトークン（代用貨幣の意味：シールやワッペンなど）が与えられ，それをある程度の数だけ集めれば，欲しいものと交換できるようなシステムである。

漸次接近法

ある目標とする行動を習得させたい場合に，その目標となる行動に至るまでの過程をいくつかの小さなステップにわけ（スモールステップの原理），最も簡単なステップから，徐々に難しいステップへと，強化を利用しながら進めていき，最終的に目標となる行動を獲得させるやり方である。シェイピング法，形成化法ともいう。

消去法

不適切な行動を維持させている強化子を取り除くことによって，不適切な行動を消去させるやり方である。たとえば，ある子どもが多動などの問題行動を起こしている場合，その場面からその子どもを引き離し別の場所に移動させたり，好きなおやつをあげない，などの方法を用いて，不適切な行動を消去するのである。

4)　観察学習（モデリング）

ある行動を直接クライエントがおこなうのではなく，他の人（モデル）が望ましい模範的な行動を示し，それをクライエントが観察し真似してみることで成立する学習を，観察学習という。観察学習は，たとえば自閉症児の適応行動の形成や，不適応行動の消失，恐怖症などの神経症の改善に適用されている。

坂野（1983）は，クモ恐怖症の女性（37歳，主婦）にモデリング法を用いて治療した。クライエントのクモ恐怖は，小学校高学年ごろから徐々にひどくなり，現在では台所や風呂場で小さなクモを見かけると，その後は食事も手がつけられずに，1日中落ち着かずに過ごしてしまうといった状態で，日常生活にも支障をきたしていた。このクライエントの治療には，コーピングモデルを用いた参加モデリングが用いられた。

コーピングモデルとは，最初はクライエントと同じように課題がうまくでき

表 5-2　クモ恐怖症の治療に用いた課題の一例（坂野，1983）

課題番号	課　　　　題
1	図鑑にあるクモのカラー写真を見つめる。
2	死んだクモ（体長約1cm）の入ったビンを机の上に置いて見る。
3	死んだクモの人っているビンを手に取り，目の前で見る。
4	生きているクモ（体長約1cm）の入っているビンを机の上に置いてみる。
5	生きているクモの入っているビンを机の上に置いて見る。
6	ビンを逆さまにして死んだクモを机の上に落とし，紙でクモを動かした後，紙ですくってビンの中に戻す。
7	課題6を生きているクモで行う。
8	手袋をしながら，机の上の死んだクモをつまんでビンに戻す。
9	課題8を生きているクモで行う。
10	床に落ちているクモの死骸をティッシュペーパーでくるみ，ゴミ箱に捨てる。
11	床をはっているクモをティッシュペーパーでくるみ，ゴミ箱に捨てる。
12	ケースに入っている大きなクモ（体長約5cm）の標本を目の前で見つめる。
13	大きなクモの標本をケースから取り出して見た後，再びケースに戻す。

ないが，課題を重ねるにつれて，徐々にうまくできるようになるモデルである。また参加モデリングは，「モデルを観察する→モデルの援助を受けながら観察者が遂行する→観察者だけで遂行する」，という過程を課題ごとにくり返しながら，最終的に困難な課題を遂行させるやり方である。治療者がモデルとなり，表5-2に示すモデリング課題が実施された。初めのうちはクライエントは課題をまったく遂行できなかったが，セッションを14回重ねるうちに，クライエント1人で最終課題までできるようになり，クモ恐怖はほぼ完全に消失し，治癒した。

5)　行動論的セルフコントロール法

　これまで述べてきた行動変容の技法は，親や教師など第三者によるクライエントへの適用を前提としたものであった。それに対して，クライエントが自ら自分の行動をコントロールしていくセルフコントロールの方法を，行動論的セルフコントロール法とよぶ。「行動論的」といわれるのは，セルフコントロールをおこなうために，常識的に考えるような「意志の力を強くする」ようなや

り方ではなく，行動を起こす前の先行条件と，行動をした結果としての結果条件を操作することで行動をコントロールしていくという発想にのっとっているからである。行動論的セルフコントロール法には，以下のような技法がある。

刺激制御法

自分の行動の手がかりになっている刺激状況（環境）を自分で変えることによって，それをコントロールしようとする技法である。たとえば，「勉強机の上に雑誌や漫画を置かない」，「タバコをポケットに入れておかずに，机の引き出しに入れて鍵をかけておく」といったことである。

自己監視法（セルフモニタリング）

自分で自分自身の行動をモニターすることによって，それを客観的に観察しコントロールしようとする技法である。たとえばダイエットをする場合，毎日何をどのくらい食べたかを記録し，自分の体重を測ることがそれにあたる。これは単に行動の記録にとどまらずに，記録することが行動の変化をもたらすからである。

自己強化法・自己罰則法

適切な行動ができたら自分自身に強化子（報酬）を与えることによって，自分の行動をコントロールする方法である。たとえば，「目標にしている宿題が終わったらテレビを見る」，というようなやり方である。もう一方の自己罰則法を用いることは比較的少ないが，自分が目標とする行動ができなかった場合，自分に罰を与えるのである。

行動論的セルフコントロール法は，ダイエット，禁煙，学業成績の向上，勉強習慣の改善などに適用されている。

【適用例】

河本（1985）は，保育園児7名に自己評価法を適用し，歯磨き行動の変容を試みた。自己評価法は，自己強化法の一種で，自分の行動が自分の定めた基準とどれほど合っているかを評価するものである。自己評価は，図5-5にあるようなハンコのいずれかを子ども自身が押すことであった。自己評価法を導入す

よくできた　　ふつうだった　あまりできなかった

図 5-5　自己評価法を用いたハンコの図柄 （河本，1985）

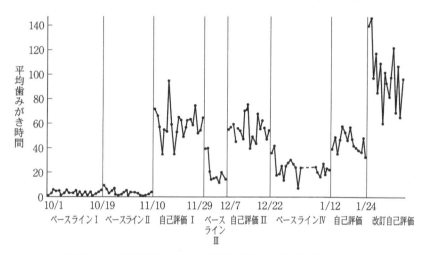

図 5-6　自己評価法による歯磨き時間の変化 （河本，1985）

ると，子どもの歯磨き時間も歯磨き部位ともに顕著に増大した（図5-6）。また，自己評価の基準として一般的な行動基準（ていねいに磨けたかどうか）よりも，明確な行動基準（時間をかけてみがけたか，全部みがけたか）を採用するほうが，歯磨き時間がより長くなることがわかった。

6)　主張訓練法

「バス停でバスを並んで待っているときに，突然目の前に人が割り込んできた」，「映画館で映画を観ている最中に，後ろの席の人がお菓子をバリバリ食べてうるさい」，「友達にお金を貸したのに，なかなか返してくれない」。こんなとき，あなたは相手に自分の言いたいことをきちんと伝えることができるだろ

表 5-3　対人行動の種類（内山，1985）

行　動	対象　相手を	自分を
主張行動	○	○
非主張行動（例：弱気）	○	×
利己的行動（例：自分勝手）	×	○
虚無的行動（例：アパシー）	×	×

○：尊重する，認める，立てる，肯定する，育てる
×：軽視する，拒否する，反対する，否定する，つぶす

うか？

　主張反応（assertive response）とは，このように相手に対する不満や敵意を，相手に受け入れられる形で，ことばや態度や行動に表すことである。しかし，ただやみくもに自分の要求を主張すればよいわけではない。表5-3は対人行動を4つに分類したものである。これをみるとわかるように，主張行動は，相手を尊重しながら，相手に不快感を与えることを最小限にしながら，自分の要求を主張することが重要である。

　実際にはどのような表現を用いたらよいのだろうか。表5-4は，相手に自分の要求を受け入れてもらいたいときに用いる表現（assertive statement）の例である。しかし，このような言い方を今までしたことのない人にとって，いきなりするのは難しいだろう。そこで，具体的には，このような言い方をカウンセリング場面で実際にリハーサルしてみたり（観察学習やロールプレイ），そのような主張をするときに感じる不安や緊張を解くためのリラクセーションな

表 5-4　主張的表現の例

状　況	主張的表現
1.　バスの列で：	みんな並んでいるのです。一番後ろに並んでください。
2.　映画の上映中：	しゃべるのをやめていただけませんか。
3.　スーパーで：	荷物が重いので，2つに分けて下さい。
4.　喫茶店で：	暑いので温度を下げていただけますか。
5.　待ち合わせで：	どうして遅れたんですか。もう30分も待ってたんですよ。
6.　電車の中で：	携帯電話で話すのはやめてください。皆の迷惑です。
7.　相手に騙された：	どうして嘘なんてつくんですか。2度としないでください。

どを体得していくのである。

このように行動療法は科学的で明解な手続きで治療していくため，人の心や人間性を重視する学派からは敬遠される傾向がある。しかし多くの心理療法では，名前は異なっても，行動療法と同様の手続きを用いて治療効果を高めているのも確かである。

4. 遊戯療法（プレイセラピー）

遊戯療法とは，子どもの心理的・行動的問題の治療に遊びを利用する心理療法である。アクスライン（Axline, 1947）は，大人が心理療法において「話すことによって表出する」のと同じように，「遊びは，子どもが感情の問題を表出するために与えられた1つの機会である」としている。

遊びは子どもにとって，満たされない欲求やうっ積した感情の，最も自然なはけ口である。遊びは非現実であるから，日常生活におけるような妨害する者もいないし，親兄弟に気兼ねすることもない。そこでは子どもは思うがままに自由に自己を主張し，表現することができ，そのことによって心理的緊張を解放することができる。すると自己の創造による現実と非現実の間にある，準現実を経て現実に近づくことができる。このように遊びを子どもの障害の治療や再訓練に適用できる。

1) 遊戯療法の理論的立場

まず第1に，精神分析学派のフロイトの児童分析では，遊びを子どもの動機づけのために利用し，クライン（Klein, 1932）は，遊びを無意識の象徴的表現とみなし，ことばによる自由連想の代わりに遊びによる自由連想をおこなう。

第2にアクスラインは，ロジャースの非指示的療法の理論を子どもの遊戯療法に応用し，児童中心の遊戯療法を発展させた。アクスラインは，「子どもはくつろいだ気持ちになると，自分の内にある自らの権利で本当の自分になろうとする力を実現し，自分で決断を下し，心理的な成長を遂げ，個性を実現しは

じめる」とした。

　第 3 にアレン（Allen, 1942）は，「治療では，過去の再体験ではなく，現在のカウンセラーとクライエントの関係が重要なのである」という関係療法の考え方を発展させて，関係療法的遊戯療法を創始した。このように学派による考え方の違い，さらには用いる遊具の違い，個人を対象にするか，集団を対象にするかといった様々な違いがあるが，遊戯療法のプロセスは多かれ少なかれ，似たようなプロセスをたどるといわれている。

2)　対象と限界

　学派の違いはあるが，どの学派も 13 歳以下の子どもに最も有効であるという点では，ほぼ一致している。それは感情の言語化がまだ十分におこなわれないからである。年齢の他には，知的能力が高いほど効果がある，といった研究もある（森脇，1959）。

3)　設備

　高野（1972）は，理想的な遊戯室の構造と設備について，次のようにまとめている。

- ・雰囲気：幼稚園・保育園などの遊戯室のような遊び部屋の雰囲気
- ・構　造：危険が少なく，水に強く，落書きができ，防音効果のある構造
- ・空　間：個人遊戯療法では 3〜5 坪，集団遊戯療法では 8〜10 坪
- ・設　備：遊戯室に連結しての観察室の設置
- ・備　品：遊戯療法室の広さに適合した砂場，水遊び場の設置，人形遊び・描画などのための畳の設備，遊具を収納する棚
- ・掃　除：適度な整理・整頓・掃除

4)　遊具

　遊具は，子どもの心身の成長や発達にとって欠くことのできない重要なものである。高野（1997）は，遊具選択の基準として「診断・評価に役立つこと」，

《トピックス・13》

笑い療法（Laughing therapy）

映画「パッチ・アダムス（Patch Adams）」をご覧になっただろうか。この映画の主人公パッチは，精神科の医者であるが，自らピエロになって患者を笑わせることで，患者の心身の状態が良くなることを発見し，病院では奇想天外な方法で患者を笑わせ，患者の夢をかなえたりした。その裏には患者を人間扱いせずに，身体だけを治療の対象にしてきた現代の医療を皮肉ったメッセージがこめられている。われわれも日常生活で，「大笑いをしてすっきりした」とか「悩みを笑いとばす」ことでストレスを発散した経験は誰にでもあるだろう。

実際に大笑いをすると，血圧は上がり，心拍が早まり，酸素の消費を増加させることがわかっている。思いきり笑うと3分間ボートを漕ぐのと同じ効果があるともいわれている。笑うことで「交感神経優位な状態」から「副交感神経優位な状態」へと変化する。つまり笑っている間は運動しているときと同じように体が興奮しているが，笑い終わって弛緩すると何ともいえないリラックスした爽快感を感じるのである。

それでは，実際に笑うことで病気を治すことはできるのだろうか。

笑い療法の元祖は，原爆乙女の形成手術を推進したアメリカのジャーナリスト，ノーマン・カズンズ（1990年死去）である。彼は冷戦時代の平和活動で，強直性脊椎炎という難病にかかり，「治る見込みは500分の1」と診断された。それならせめて余生を楽しく生きようと病室にコメディー映画を持ち込んで，くる日もくる日も思い切り笑って過ごした。すると不思議なことによく眠れるようになり，腫瘍は消え，数か月で社会復帰するまでに快復したのである。この体験をもとに医学を勉強して論文を書き，医学雑誌に発表した。カズンズ氏はついにカリフォルニア大学ロサンゼルス校医学部大学院の教授として迎えられ，専門家を集めて研究する「笑い療法研究学会」（1982年）を作った。

日本でおこなわれた研究としては，柴田病院の伊丹（1994）は，ボランティア19人を集め，大阪の吉本興業の演芸場「なんばグランド花月」で漫才や喜劇などを観てもらい，その前と後で血液を採取してその中の免疫機能を測定した。すると，14人で免疫機能を司るNK（Natural Killer）細胞の活性が高まった。残りの5人は，もともとNK細胞の活性が高い人であった。つまり，免疫機能が比較的低い人は全員が，その機能を高めることがで

きたのである。

　また，日本医科大学付属病院リウマチ科の吉野（1996）の研究では，落語家を病院に招きリウマチ患者たちを1時間笑わせた。すると，患者の血液に異常に多かった「インターロイキン6」という物質の量が下がったことを見いだした。患者と健康な人を比べた場合，患者の方が測定値の個人差が大きいが，笑ったことでこの個人差も小さくなった。しかも厳密な統計処理で2回実験をおこなったが，同じ結果だった。落語で1回笑うと3週間は膝の痛みが楽になったという人が多かった。しかし，リウマチが治ったわけではないし，なぜ痛みが軽くなったのかについてはまだわからない部分も多い。

　ただ，笑うことは「楽しい」と感じてストレスを減らす効果と，笑うという一種の運動をすることの相乗効果がはたらいているようである。

　今まで心理学でも，われわれの常識でも，人は「楽しいから笑う」のだと考えられてきた。しかし，これとは逆に，楽しい気分でなくても無理をして笑顔を作ることで，本当に楽しい感情が生まれてくることが最近になってわかってきた。つまり「笑うから楽しくなる」のである。これは「Facial feedback hypothesis（フェーシャル・フィードバック仮説）」とよばれている。笑顔を作る表情の筋肉の動きが血液の温度をごくわずかであるが冷

やすことで，快適な感情が生まれるというメカニズムである。今までとはまったく逆の発想であるが，笑うことが心と身体にさまざまな影響を及ぼすことがしだいに明かになってきている。

　そこで「笑いのトレーニング法」を紹介しよう。

①まず，唇の両端を耳の方向へ水平に引く。
②それからその状態のままで，両方の頬を上に持ち上げる。
③口は多少開いて，歯が見えるようにする。
④このとき，目のまわりに横じわができているのを確認する。

このまま1分間，自分の笑顔と対面し続けるが，40秒ほどたつと頬が硬くなり，凝った感じになる人は，これまで笑顔が少なかった人といえるだろう。このトレーニングを続けることで，少しずつ自信がつき明るくなり，友だちも増えていくだろう。また風邪をひかなくなるなど，健康面でも効果も期待できる。

　さらなる効果としては，笑うことで対人関係も良くなることも期待できる。ふだんからよく笑う人の周りには自ずから人が集まり，皆が楽しい気分になれる。マクドナルドのメニューに「スマイル0円」と書かれているのは有名な話である。店員が笑顔で接するのと，無表情で接するのとでは，お客さんの気分も違うだろうし，売上さえ違うのではないだろうか。

「治療関係の設定を促進すること」,「カタルシスを促進すること」,「欲求不満耐性を高めること」,「昇華を促進すること」,「現実検証の機会を用意すること」,「洞察への到達を助けること」,「言語表現を誘発すること」, などをあげている。具体的に示すと以下のようになる。

　①家族人形, ミニチュア家具, その他の人形, お面

　人形やお面には, 子どもが自分と同一視しやすく, その匿名性が, 子どもの感情, 情緒, 葛藤, 考え方などの表現を促進する。またテレビなどの人気番組のキャラクターや, サンタクロース人形, 魔法使い人形などは, 子どもの願望を充足させるのに効果的である。

　②動物人形

　とくに怪獣の人形は, 重要な役割をもっている。家族人形などを用いたごっこ遊びでも, 人に対する攻撃感情を表現することが困難な子どもは少なくない。そのような場合,「悪者の」怪獣や動物に対しては, 自由に攻撃反応を示すことができる。また, そのような動物を媒介としてなら, 安心して攻撃や敵意の感情を表現することができる。

　③自動車, 船, 飛行機, 電車

　これらの乗り物は, 子どもが本当の心を変装して家族関係を表現するのに用いられることがある。たとえば, その大きさによって親や兄弟のシンボルとして使用される。さらに, 子どもが乗ったり引いたりできる遊具は, 子ども同士の接触を促し, 協調的な遊びを促すことになる。

　④砂場と砂遊び道具

　砂は, 水や積み木と同様に, 構成的遊びも破壊的遊びも容易に喚起する。それは子どもの想像を限りなく刺激するからである。砂箱は砂漠にもジャングルにも海にも山にもなる。遊戯室での砂場はできればコンクリートで作り, 周囲には子どもが腰掛けられるように縁をやや広くとっておくとよい。

　⑤積み木

　子どもは物を壊すことによって親から注意され, 叱られた経験をもつだろう。積み木の意義としては, どのような子どもでも, 積み上げ, 崩し, 再構成

するといった過程で，感情を抑圧する必要なく，安全なはけ口となることを学ぶことである。

5　動　作　法

　成瀬（1987）によって開発された，脳性麻痺，肢体不自由，自閉症，多動，分裂病などの症状の改善のために，動作を用いる治療法である。ふだんの生活ではわれわれの動作（歩く，立つ，座る）はほとんど無意識のうちにおこなわれている。ところが，いったん今までしたことがなかった新しい課題に取り組んだり（車の運転，スキー，ボウリングなど），ふだんと違う環境におかれたりすると（雪道を歩いたりする），とたんに自分の動作を意識して手や足を動かすようになる。

　このように人が自分の身体を自分の意図で動かす過程は心理的な活動であるのである。つまり，自分がどう動きたいかを考え，工夫し実行し，できなければ修正をくり返し，しだいに思いどおりの動作ができるようになる。こうした活動の中に，自己が自分の身体に働きかける能動的な体験や，実際に身体を動かすという現実的体験や，工夫・修正していくときの客観的体験，注意の集中や努力などの心理的活動が含まれているのである。たとえば，自閉症の子どもがお母さんと腕を上げていく課題をおこなっていたときに，子どもが突然腕を強く曲げたとする。このとき腕が曲がったということそのもの（物理的現象）ではなく，腕を上げる過程，腕を曲げた瞬間に，子どもは腕の動きをどのように感じ，またどのように動かそうとしていたか（心理的過程）ということが重要なのである。

　したがって，大人（トレーナー）が強制的に子どもの訓練をし，無理やり課題の動作をやらせる，といった物理的現象しかみないとしたら，治療にはならないのである。「意図」—「努力」—「身体運動」の図式が示すように，子どもの側の努力の仕方が重要なのである。動作を通しての体験の仕方が，たとえ

ば消極的から積極的，萎縮から自信へ変化したとすれば，その人の日常におけ
る体験の仕方も望ましい方向に変化する，と考えるのである。

　動作法はもともと脳性麻痺の子を対象にしていたので，脳性麻痺を対象にし
た課題を説明する。基本的には，「坐位」，「膝立ち」，「立位」，「歩行」の4つ
の課題が子どもの状態に応じて選定される。お坐りのできない子どもであれ
ば，坐位課題から順に歩行まで訓練をし，膝立ちはできるけれどうまく立つこ
とができない，という場合では，「しっかりと足で大地を踏みしめる練習」を
したりする。この4つの姿勢はすべて「タテ系」であるといわれるが，「タテ
系」であることにどのような意味があるのだろうか。

　赤ちゃんは生まれてしばらくの間は，首も坐らず寝たままで過ごす。ところ
がお坐りができ，はいはいを始め1歳を過ぎる頃に歩き始めるようになると，
とたんに子どもの心の活動は活発化してくる。興味のあるものの所に移動し，
それを手にして，なめたり叩いたり，投げたりして，外界に積極的・能動的に
関わり始める。これが子どもの心に大きな影響を及ぼす。まず，物を立体的に
見ることができ，遠近感がわかるようになる。さらに，自分を基準にして物の
動きを認識できるようになる。これは，からだを立てて外界に関わることの効
果なのである。

　次に「タテ系動作訓練」の基本になる，「おまかせ脱力」，「形づくり」，「魂
を入れる」の3つの概念について述べる。以下は九州大学発達臨床センター
（1998）でおこなわれているものを参考にまとめたものである。

1)　おまかせ脱力

　おまかせ脱力の目的は，トレーニー（訓練を受ける者）が自分のからだを訓
練者にまかせて力を抜いていくことである。自閉症や多動のトレーニングで
も，うまく相手に身を任せる体験をさせると，ただ力が抜けていくだけでな
く，訓練者への信頼感も作られる。この具体的な援助方法を紹介しよう。

(1)　坐位

　まず，トレーニーをあぐら坐りか，あぐらで足の裏と裏を合わせた楽坐をと

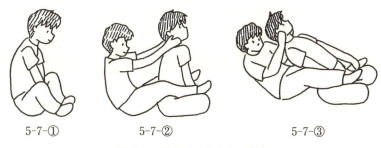

5-7-①　　　　　　5-7-②　　　　　　5-7-③

図 5-7　坐位でのおまかせ脱力

らせる。多くのトレーニーは，図5-7-①のように腰や背が曲がった状態であ
る。まず訓練者はトレーニーを前に倒していく。このとき，トレーニーの股関
節部がしっかり折れ，骨盤が垂直に起きる位に倒す。十分に折れたら，訓練者
はトレーニーの腰に自分の両膝がつくようにして挟む。しっかり挟んだら，ト
レーニーの上体を起こす。図5-7-②のようになる。ここから図5-7-③のよう
に背を反らせ，背・腰の屈方向の力を緩めていく方向を実際に動かして教えて
あげる。しかし，とても堅く，動かなくなるところにであった時は，訓練者は
緩める方向に軽く押さえながら，トレーニーが弛んでくるのを待って，弛んだ
らまた一緒に動かしていく。この時の注意点は，一方的に後ろに反らさないこ
と，首が後ろに倒れないように支えることである。今まで入れていた力を抜
き，緩めることはトレーニーにとって非常に勇気がいることなので，トレーニ
ーのペースを無視して緩めようとすると，反対にすごい力で抵抗されたり，筋
を痛める原因となってしまうことがある。

（2）　膝立

　膝立の姿勢をとらせると，多くのトレーニーは図5-8のような姿勢になる。
このようなトレーニーの多くは股関節に問題があり，とくに屈方向に力が入っ
ていることが多い。そこでこの屈方向を緩めていく。図5-8-①のように訓練
者は片膝をつき，その上でトレーニーの上体を腕で支える。このとき，トレー
ニーの脇や肩をしっかりと支える。このとき，トレーニーはお尻をぴょこんと
突き出すような姿勢になっている。そのお尻の上にもう一方の手を当てる。図

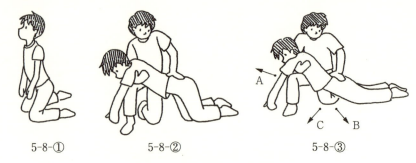

5-8-① 5-8-② 5-8-③

図 5-8　膝立でのおまかせ脱力

5-8-②のように図の矢印A，Bの方向に緩めていくのを援助する。矢印B
は，お尻の下の所を膝の方向に押さえていく。このときも，一方的に押さえる
のではなく，トレーニーに緩める方向を伝えることを念頭に押さえていく。

(3)　立位

　立位・歩行のできるトレーニーでも，立位姿勢は図5-9-①のようになるこ
とが多い。つまり腰は屈になり，膝も曲がり，足首が尖足になっている。この
ような場合は膝立に戻って，腰をしっかり緩める必要がある。図5-9-②のよ
うに，訓練者はトレーニーの踵をしっかりと床につけた状態で，膝と腰をしっ
かり伸ばしていく。このときも，膝立と同じように，矢印A, Bのように膝や
踵の方向に押さえていく。立位は膝立よりもさらに姿勢が高くなり，トレーニ

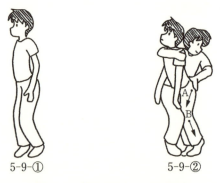

5-9-① 5-9-②

図 5-9　立位でのおまかせ脱力

ーは恐怖感を感じやすくなっている。膝立の時と同様に，しっかりと上体を支えてあげることが重要である。

2)　形づくり

　1) の「おまかせ脱力」によって，トレーニーは従来の姿勢のパターンを崩し，新たなパターンを獲得する準備ができている。ここで訓練者は新たなパターンとしての「タテ直」の姿勢（図5-10）を訓練することが必要になる。ここでトレーニーは重力と対面することになる。この「形づくり」では，トレーニーは「おまかせ脱力」の状態のままで，訓練者の援助（他動）で形がとれるようにする。具体的には以下のとおりである。

坐位　　　　　　　膝位　　　　　　　立位

図 5-10　タテ系の姿勢

(1)　坐位

　先の図5-7-①の姿勢のトレーニーの場合，両肩を支え，訓練者の膝下の横（外側）の部分でぐっと背中・腰をまっすぐに入れるやり方が図5-11である。首については，顎が前に突き出しているトレーニーに対しては，図5-11-②のようにまずトレーニーの頭全体を後ろに引き（矢印A），次に顎を引くのではなく，首の後ろを伸ばしていくように援助する（矢印B）。

(2)　膝立

　訓練者はトレーニーの側面から援助する。まず，トレーニーを正座させる。

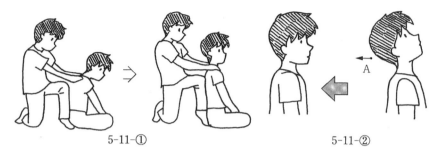

5-11-①   5-11-②

図 5-11　坐位での形づくり

両膝はできるだけ狭くして，膝の先をそろえる。その両膝を訓練者の足の裏で
しっかり押さえ，トレーニーのお尻を上げ，もう一方の足をトレーニーの足の
上，お尻の下に置く。このとき，トレーニーの足の膝下が「ハ」の字に開いて
いないか，まっすぐ平行にそろっているか確認する。そこから，上体がまっす
ぐになるように胸や肩を支え，訓練者はトレーニーのお尻の下においている膝
でトレーニーのお尻を押して，膝から上全体をまっすぐにもっていく。図 5-
12 のようになる。

(3)　立位

　立位も膝立と同じくトレーニーの側面から援助する。このとき，トレーニー
は上体を自分でまっすぐな姿勢にできるとする。まず，トレーニーの両足を
しっかり床につける。このときも，足幅は狭くして，足は平行にする。図 5-13

図 5-12　膝立での形づくり

図 5-13　立位での形づくり

のようにトレーニーの踵が上がったり急に足が引けて倒れたりしないように，踵の後ろを足の裏でしっかり支える。後ろは両手でしっかりトレーニーの腰が屈にならないように腰を支える。ここで注意することは，後傾させないように，トレーニーのお尻が踵よりも前に位置するように支えることである。

　「おまかせ脱力」と「形づくり」の２つの過程は，実際の訓練の中では明確に区別できない側面がある。つまり，「おまかせ脱力」をおこないながら「形づくり」がなされたり，「形づくり」をしながら「おまかせ脱力」がおこなわれたりする。

3）　魂を入れる

　これまでの，おまかせ脱力，形づくりによって形ができたら，適切な力の入れ方を学ばせる段階である。トレーナーは「離すよ，離すよ」と言いながら，支えている他動の手の力を緩めて，子どもの力の入れ具合をみる。余計な反りや曲げ動作が出ないように援助しながら，子どもが自ら適切な姿勢を保持できるようになるまでやりとりがくり返される。

　タテに力をいれることができるようになったら，次は節・分節づくりである。子どもはまだ坐位姿勢であれば，腰の部分を自由に折ったり伸ばしたりすることができない。立位にしても，足首や膝を曲げ伸ばしできない。そこで，腰，股関節，膝，足首などの目標となるからだの部分以外はまっすぐにしたまま，その部分だけ曲げ伸ばしできるようにする。この動きを自らできるようになったら，前・後・左・右のバランスとりの練習に入る。からだが傾斜したり，外から妨害の力が加えられても，タテの姿勢を保つことができるようにする段階である。実際にこの段階の作業は非常に困難である。それはトレーニーにとって，これまで自力でとったことのない新しい姿勢なので，トレーナーに「離すよ」と言われると肩でがんばったり，もとの誤ったパターンに戻ろうとする。そのような状態を感じながらもトレーナーはトレーニーとともに「魂を入れる」作業をおこなわなければならないからである。

6. 交流分析

交流分析は，アメリカの精神科医バーン（Berne, E.）によって創始された。交流分析は，フロイトの精神分析の理論体系をもとに，それをさらにわかりやすく簡明にしたものであるため，「精神分析の口語版」といわれることもある。精神分析との相違点として，観察可能な現象を，「今ここで」捉えて分析することと，理論が日常的なことばで組み立てられていること，誰もが交流分析を用いて自分自身を分析できることである。

1) 自我状態の分析

まず，最も基本的な自我状態の分析について説明する。交流分析では，人間の自我状態を，親（P），成人（A），子ども（C）の3つの面から成り立つと考える（図5-14）。

親の自我状態にはさらに，厳格で規律を重んずる批判的で父親的な面（CP：Critical Parent）と，愛情深い養育的な優しい母親的な面（NP：Nurturing Parent）にわけられる。これらの部分は過去に両親から躾を受けたり，社会

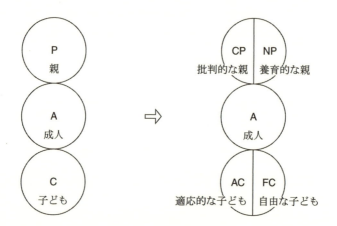

図 5-14　自我状態の分析

の中で学んできたことから作られる部分である。

　次に，今ここで起きている現実を見据え，事実を収集し，客観的に情報を処理するのは，成人の自我状態（A：Adult）である。この部分は過去の影響を受けることなく，コンピュータのように合理的に現実を判断する役割をもつ。

　次に子どもの自我状態は，自由な子ども（FC：Free Child）と，適応した子ども（AC：Adaptive Child）とにわけられる。FC は，感情を自由に表現したり，天真爛漫に他人を気にすることなく振る舞ったりする部分である。

　一方，AC は，自分の感情を抑えて親の気に入るように振る舞ったりするなど，周囲に適応する「イイコちゃん」的な部分である。自我状態の分析をする際には，これら 5 つの自我状態がどのように形成され，現在に至っているのかを分析する方法で，エゴグラムを用いて各々の部分の高さを知ることができる（表 5-5）。

2)　交流分析

　交流分析とは，2 人の人の間で起きている人間関係を理解するために用いる方法である。人間関係を理解するために，上述の自我状態のやりとりから分析

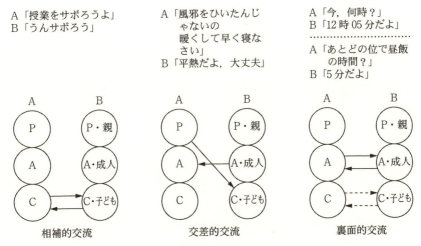

図 5-15　交流分析の 3 つのパターン

表 5-5 エゴグラム

　以下の質問に，はい（○），どちらともつかない（△），いいえ（×）のように回答してください。

〈批判的親の自我〉

 1　人の言葉をさえぎって，自分の考えを述べることがありますか ……………… （　）
 2　他人をきこにしく批判する方ですか　…………………………………………… （　）
 3　待ち合わせ時間を厳守しますか　………………………………………………… （　）
 4　理想をもって，その実現に努力しますか　……………………………………… （　）
 5　社会の規則，慣習，道徳などを重視しますか　………………………………… （　）
 6　責任感を強く人に要求しますか　………………………………………………… （　）
 7　小さな不正でも，うやむやにしない方ですか　………………………………… （　）
 8　子どもや部下を厳しく教育しますか　…………………………………………… （　）
 9　権利を主張する前に義務をはたしますか　……………………………………… （　）
10　「……すべきである」，「……ねばならない」という言い方をよくしますか …… （　）

〈養育的親の自我〉

11　他人に対して思いやりの気持ちが強い方ですか　……………………………… （　）
12　義理と人情を重視しますか　……………………………………………………… （　）
13　相手の長所によく気がつく方ですか　…………………………………………… （　）
14　他人から頼まれたらイヤとは言えない方ですか　……………………………… （　）
15　子どもや他人の世話をするのが好きですか　…………………………………… （　）
16　融通がきく方ですか　……………………………………………………………… （　）
17　子どもや部下の失敗には寛大ですか　…………………………………………… （　）
18　相手の話に耳を傾け，共感する方ですか　……………………………………… （　）
19　料理，洗濯，掃除などの好きな方ですか　……………………………………… （　）
20　社会奉仕的な仕事に参加することが好きですか　……………………………… （　）

　⋮

以下 50 問まである。

　採点の仕方

　○を 2 点，△を 1 点，×を O 点として得点化する。次に 1～10 の合計点，11～20 の合計点，21～30 の合計点，31～40 の合計点，41～50 の合計点をそれぞれ算出する。上から順に，「批判的親の自我」，「養育的親の自我」，「成人の自我」，「自由な子どもの自我」，「適応的な子どもの自我」をあらわしている。

〔桂戴作（日本大学心療内科教授）監修の『ストレスから守る心と体の健康』日本経営指導センターより引用〕

していく。人間関係のパターンには，相補的交流，交差的交流，裏面的交流の
3つのパターンがある（図5-15）。

　相補的交流とは，お互いの関係が期待されたとおりの関係にある場合であ
る。図に表すと矢印は平行になる。このような交流は気持ちよく続けることが
でき，長続きもする。他方，2人がお互いにコミュニケーションしたがらない
場合や，気づまりな感じ，「合わないなあ」と感じる場合などは交差的交流が
起きていると考えられる。交差的交流とは，刺激に対して予想外の反応が生じ
た時に起こる。この交流が起きると，裏切られたり，軽視されたと感じること
が多い。図に表すと矢印は交差している。一方，裏面的交流では，表面的なや
りとりと，その裏でおこなわれるやりとりの2重のやりとりが起きている。つ
まり，表面的には社会的に認められる交流のようにみえるが，実はその裏では
別のメッセージが送られているのである。以心伝心のこともあれば，誤解を招
き問題をこじらせてしまうこともある。図に表すと，矢印は実線（表面的やり
とり）と破線（裏面的やりとり）の2つになる。

　一般に，相手の話に乗らないほうがいい時や，だらだらと続く話を打ち切る
場合には，交差的交流が有効である。また，交差した交流をつなぎ直すには，
まず相補的交流でつないでから，自分の「A」から相手の「A」へという関係
に入っていくとよい。たとえば，「締め切りに間に合わなかったじゃないか」
（A→C）と言われたら，まず「すみませんでした。以後気をつけます」（C→
A）と受けてから，「このレポートについて，ご意見をお願いします」（A→
A）と交流していくのである。

3)　ゲーム分析

　会うと必ず相手を不愉快にさせる人がいるが，その人は心理的にゲームを仕
掛けていると考えられる。心理的なゲームとは，くり返し起こる一種の画一的
な交流パターンであり，交流は最後には必ず破たんするように仕掛けられてい
る。ゲーム分析とは，不快な感情をもたらす特定の交流パターンを理解するた
めの方法である。

　よくおこなわれるゲームの1つに，「はい，でも」ゲームとよばれるものがある。ゲームを開始する人は他の人に問題を投げかけ，アドバイスを求める（ゲームの開始）のだが，その裏では，「私の問題は誰にも解決させないぞ」と考えている。仕掛けられた人は，あれこれと意見を出し，解決してあげようとする。しかしゲームの仕掛人は，意見が出されるたびに，それが役に立たない理由を理屈をこねて言うのである。たとえば「……してみたらどう？」に対して「はい，でも……だからだめですよ」という具合である。このようなゲームから降りるためには，意見を出すのではなく，「あなたの考えはどうなの？」と聞き返すのも1つの方法である。

4)　脚本分析

　交流分析では，誰もが自分の生き方についての脚本をもち，それに従って人生という舞台の上で自分の役割を演じていると考える。脚本分析は，各々の人が好んで演じている人生ドラマを理解する方法である。人間は3歳〜5歳頃までに，両親から受け取ったメッセージから人生脚本のもとを創るようになるといわれている。もし，いつも「何をやっても最初はうまくいくのだが，最後にはだめになるんだ」と感じているとしたら，それは「成功し，それから失敗する」というテーマを演じている可能性がある。他によくみられるテーマとしては，「七転び八起き」，「石橋を叩いて結局渡らない」，「負け犬」などがある。

　主な人生脚本は，「勝者用」，「敗者用」，「平凡」の3種類である。実際には完全な勝者や敗者というのはほとんどなく，時には勝者であり時には敗者であるといった平凡な脚本をもつ人がほとんどである。しかしもし現在，「敗者用」や「平凡」な脚本をもっていても，「勝者用」に書き換えることはできる。そのためには，何気なく演じてしまっている筋書きを分析し，自分の人生脚本を自分の支配下におき，書き換え，自分の望む脚本とおりに生きることが重要である。

5)　ストローク

　苦しいときに背中をさすってもらったり，なぐさめられたら嬉しいものである。このように人は誰でも，人から認められたいという欲求をもっている。ストロークとは，このように「その人の存在を認めることを意味する何らかの行為」をさす。「ストロークは心の栄養」とも言われるように，人はストロークを求めて行動し，ストロークが得られれば満足する。具体的には，身体的な接触，ことばや態度で「あなたがそこにいてうれしいよ」ということを伝えることで示される。

　ストロークは「肯定的なもの・否定的なもの」，「条件つきのもの・無条件のもの」の組み合わせで4種類に分類することができる。まず，肯定的なものとは，直接的で適切な，状況にあった相補交流である。ストロークをもらった人の気持ちをよくし，その人の存在に意味があるという気持ちにさせる。たとえば頭をなでたり，相手をほめたりすることである。否定的なストロークは，相手の気持ちを不快にするが，その人の存在自体は認めている。たとえば相手を叩いたり，しかったり，非難したりすることである。人は誰でも十分なストロークを必要としているので，十分な肯定的なストロークが与えられない時には，否定的なストロークをもらおうとする。たとえ否定的であっても，無視されるよりはましなのである。

　一方，条件つきのストロークは，あらかじめ条件を設定し，その条件に合った場合のみストロークを与えるのである。たとえば「よく勉強したら遊園地へつれて行ってあげる」と言うのである。それに対して無条件のストロークの場合，相手が何をしても相手の全存在を認めるやり方である。たとえば「誰がなんと言ったってあなたを信じているよ」といったことばで示される。対人関係の苦手な人はこの種のストロークを出し惜しんでいる傾向がないだろうか。顔を合わせても笑顔がなく，「ありがとう」「ごめんなさい」といったことばが少ないことはないだろうか。何かをプレゼントされても，「何か裏があるんじゃないの？」とマイナスのストロークが基本になっていることはないだろうか。

6) 値引き

値引きとは,「現実,他者,自分自身の状況のある様相を無視したり軽視したりするような心の中のからくりや,その具体的な表れとしての行動」をさす。値引きは対人関係を損ない,いろいろな問題のもとになる。たとえば人に誉められた時に,「誰にだってそのくらいできますよ」とか「私にできるのはその程度です」というように,自分の価値を値引いてしまうのである。これは,自分の能力を値引いているだけでなく,誉めてくれた相手の価値も値引いていることになる。値引きは以下の場合に生ずる。

「問題そのものが重大なものとして受け取られていないとき(子どもが泣いているのに,親が無視する)」,「問題の重要性が否定されるとき(悩んでいるのに,そんなことはたいしたことではないと言われる)」,「解決が否定されるとき(それはどうしようもないねと言われる)」,「問題を解決する自分の能力を否定するとき(私なんかに解決できない,と言う)」。このような心の傾向を自分がもっていないかどうか,自己分析してみるとよいだろう。

7) 人生の基本的態度

交流分析では人生の基本的態度を,「私が OK であるか否か」「あなたが OK であるか否か」の組み合わせにより 4 つに分類している。

まず,「私も OK あなたも OK」の態度の人は,自分の存在も他者の存在も認め,問題にも正面から取り組むことができる。次に「私は OK ではないが,あなたは OK である」というもので,この態度の人は劣等感が強く,自分が劣っているため問題に対して逃げの姿勢をとるが,他者は肯定している。3 つ目は,「私は OK であるが,あなたは OK ではない」というもので,この態度の人は他人に対しては攻撃的で排除しようとするが,自分に対する責任をとらない傾向がある。4 つ目は,「私もあなたも OK ではない」というもので,この態度の人は自分も他人も存在する価値がないと思い込み,人生に対して興味が持てず生きていく希望を失いやすい。

こうした態度は親や周囲の人から与えられるストロークや値引きなどによっ

て，子どもの頃に決められる。しかしそれは一度決められたからといって，変更できないものではない。よりよい人間関係を築いていくためには，「私もあなたも OK である」という態度を意識的に選んでいくことが大切である。

8)　交流分析の目的

交流分析の目的は，「自分自身が本来もっている能力に気づき，その能力を妨げているいろいろな要因を取り除いて，本来の自分の能力を発揮すること」である。そこでクライエントの能力を妨げている要因を，交流分析の手法によって分析して明らかにしてみようということにある。物事がうまくいかないときには，以下の点について分析してみるとよい。

「自我状態はどのようになっているのか」，「他者とどのような交流をしているのか」，「ゲームをくり返してはいないだろうか」，「自分はどんな脚本をもち，演じているのか」，「他者とやりとりしているストロークはどのようなものか」，「値引きしていないか」，「人生に対してどのような基本的態度をもっているのか」などである。これらの分析を通して，以下の3つの能力を高めることが治療の目的である。

・気づき：自分はどのような存在であるのかに気づくこと。欠点にとらわれず長所を生かしていくことが可能となる。

・自発性：（どうせやるなら）自分がしたいからする，という部分を多くすること。その方が気楽に楽しくできる。やらないといけないからするのではなく，自発的に物事に取り組んでいくことができるようになる。

・親　密：自分自身を認めるとともに，開放的な態度で相手の存在も認め，深く人と触れあうことができるようになる。

7.　家族療法

家族療法は 1950 年代後半から，分裂病者とその家族の治療を中心にアメリ

カで始まった。その後多くの理論や技法が発展し，現在では 20 以上の流派が存在する。流派によって治療目標や治療による変化に関する定義は異なっているが，共通していることは，家族の関係のあり方を変えることによって，家族全体あるいは個人の機能を改善しようとすることである。

　欧米の家族療法のパイオニアたちは，それまでの伝統的な心理療法の考え方とは決別した形で家族療法を発展させてきた。そして一般システム理論，サイバネティクス理論，認識論，コミュニケーション理論などのように，精神医学や臨床心理学以外の分野の諸理論を活発に導入した。つまり，精神分析的な見方では，問題はその個人の心の奥底にあるとされるが，家族療法では，問題は「家族の特徴的な相互作用」にあるとするのである。これは従来の，「患者＝加害者」という視点から，「患者＝犠牲者，家族＝加害者」という構図によって，家族を病理をもった 1 つのシステムとして考えるのである。

　これら 2 つの見方は，どちらが正しい見方というものではなく，臨床の現場ではどちらの視点からもみることができることが重要であるといえる。個人を社会的な状況から切り離してしまう視点も，個人という存在を無視し，システムだけを考えることも，それぞれ本来おこなってはならないことであろう（図5-16）。システムの単位が家族であっても，家族の中の部分システムとしての

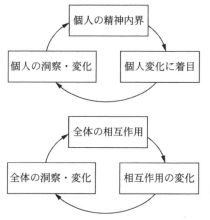

〈精神的動的アプローチ（生物学的視点）〉
利点：焦点が明確，かつ体系化された理論背景
　　　と現象を表現する言語が存在する
難点：変化の資産が個人に棄却され，他からの
　　　変化を無効化する動きを制御できない

〈システムズアプローチ（生態学的視点）〉
利点：相互作用の変化には，個人間の変化の総
　　　和以上の変化が起こり，僅かな変化が波
　　　及する
難点：治療プロセスを説明する言語が完成され
　　　ておらず，理論的体系化も脆弱である

図 5-16　治療上の焦点の違い

個人は存在し続けるのである。

　これまで日本では家族療法の入門書には，家族療法の流れを変えてきた主要な学派とその理論と技法が多数紹介されてきた。しかし，現在では家族療法は，精神医学だけではなく，医療，教育，児童相談など幅広い分野に定着しつつあり，1つの学派の理論や技法に固執している治療者は少ない。むしろ，いろいろな学派の理論や技法を統合し，クライエントを援助する上で最も適した家族療法のアプローチを独自に発展させている人が多い。

　ここでは家族療法の代表的なアプローチである，システムズアプローチについて紹介しよう。

1)　システムズアプローチの基本的な考え方

　システムズアプローチでは，「問題」に対して従来と異なった考え方をする。「問題」についての考え方が異なれば，その「解決」についても独特の見方をする。

　まず「問題」のほうは，従来なら日常生活においてわれわれがとる何らかの基準となる行動や感情があって，その一般的な基準から逸脱した行動を「問題である」と考えてきた。しかし，システムズアプローチではこのような客観的な基準ではなく，「IP: Identified Patient＝（患者と見なされた人）」に関わる人の判断によって，治療者が「何を問題としているか」を考え，その問題に関わっているすべての人を治療対象として，その人々の関わりをシステムとして理解していく。

　「解決」についての考え方も「問題」の捉え方と対応している。客観的な立場や一定の基準にしたがって問題が解決したか否かではなく，問題自体がまったく変化していなくても，治療を必要としていたシステムが「問題」を問題としなくなった段階が，システムズアプローチにおける「解決」だと考えるのである。

2) システムとは何か

システムとは，何らかの集合体であり，「ある単位のものの集まり」である
と考えることができる。しかし単に集まっているものを指すわけではなく，そ
のもの同士に何らかの関係が存在していなければならない。したがってシステ
ムとは，「集まりそのもの」ではなく，「秩序をもった集まり」なのである。

システムの種類は解放システム，閉鎖システム，一般システム理論などのさ
まざまな考え方があるが，臨床心理学の分野で一般に用いられる「一般生物体
システム理論」（ミラー；Miller, J. G）とよばれる「人間の関わりを中心にし
たシステム理論」について述べる。図 5-17 を，C の生体システムを中心に考
えながら説明しよう。

生体システムとは，人間をはじめ動物や植物などの生命を持つ有機体のこと
である。C の例として人間をみてみよう。C レベルでは個人としての人間であ
る。その人間は，B の器官システムから構成される。すなわち人間は，脳，心
臓，消化器などのシステムによって構成されていると考えることができる。こ
のように C の生体システムより一次限下位のシステムである B の器官システ
ムは，生体システムのサブシステムとよばれる。

一方，C の生体システムの一次元上位である D の集団システムは，生体シ
ステムのスプラシステム（Suprasystem）とよばれる。逆に D の集団システ
ムを中心に考えれば，C の生体システムは集団システムのサブシステムである
ということができる。

このように生物体システムを 7 つのレベルで理解すれば，各々のレベルのシ
ステムは他のレベルのシステムと相互に関係をもつことがわかる。このような
システムの考え方がどのように家族療法と関わっているのだろうか。ミラーに
よれば，一般生物体システム理論が心理療法に与える最も大きな影響は，クラ
イエントをその環境と照らし合わせて理解しようとする点である。つまり，ク
ライエントをサブシステムのプロセスとして把握し，かつ上位のシステムとの
関係でも理解しようとするのである。

家族療法は，クライエントのスプラシステムとしての家族が，個人に与える

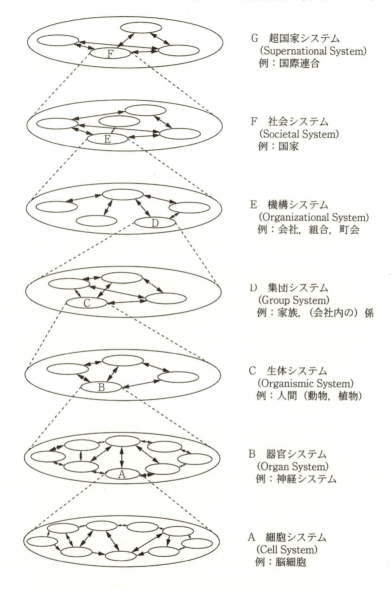

G　超国家システム
　　(Supernational System)
　　例：国際連合

F　社会システム
　　(Societal System)
　　例：国家

E　機構システム
　　(Organizational System)
　　例：会社，組合，町会

D　集団システム
　　(Group System)
　　例：家族，（会社内の）係

C　生体システム
　　(Organismic System)
　　例：人間（動物，植物）

B　器官システム
　　(Organ System)
　　例：神経システム

A　細胞システム
　　(Cell System)
　　例：脳細胞

図 5-17　**生物体システムの 7 つのレベル**（Miller, 1980）

影響を考えるのであり，もっといえば，原因が家族だけではなく，学校や就職先も治療の対象に含まれる。システムズアプローチでは，システムの7つのレベルのどのレベルの変化でも，他のレベルに影響を与えるという前提から，クライエントに対する治療はどのレベルででも可能であると考える。

3) 治療の概略

　システムズアプローチの治療にとって不可欠な治療過程とは，基本的には「情報収集→仮説設定→介入→再び情報収集」という枠組みでおこなわれる。まずは，情報収集をして，システムの構造を理解する必要がある。構造とは，家族のメンバーの人間関係の仕組みのことである。たとえば父親，母親，男の子，女の子の一般的な4人家族の場合で，父親と男児の仲が良く，母親と女の子の仲も良いが，父親と母親の夫婦仲が良くないとしよう。この場合，この家族の構造は図5-18のように示される。次に，システムの機能についてみよう。

　これは家族の間でくり返されるコミュニケーションのパターンである。たとえば，「子どもがテレビをみながら食事をしている」→「父親がその子どもに注意をする」→「母親が父親に叱り方が悪いと注意をする」→「父親と母親の口論になる」→「子どもは再びテレビに夢中になる」……というパターンがくり返される（図5-19）。

　このような場合，くり返されるパターンのどこに介入して変化させるのが最も適切なのかが問題にされる。そして，どの部分にどのような介入を加えれば，どのような変化が予想できるかについて仮説が立てられる。たとえば「父

図 5-18　ある家族のコミュニケーションパターン

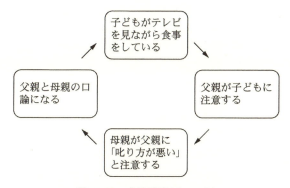

図 5-19　家族構造図の一例

親のかわりに母親がしかってみると，子どもはいうことを聞くだろう」とか，
「食堂にあるテレビを移動すれば家族の団らんが増えるだろう」などが考えら
れる。そして実際に仮説に従って介入してみて，仮説とおりの変化が起こるの
かについて再び情報の収集をおこなうのである。

　最後に，システム自体も時間の経過とともに変化することを忘れてはならな
い。現在は 4 人家族であるが，将来は子どもが大学に入学して一人暮らしを始
めるかもしれないし，その後結婚して子どもができ，2 世帯の住居に住みはじ
めるかもしれない。このように，システムは固定したものではなく，分化と統
合をくり返すものである。

8.　認知療法

1)　認知療法とは

　近年，認知行動療法とよばれる新しい体系に基づいた治療法が注目されてい
る。認知行動療法とは，これまでの行動を重視してきた行動療法と，認知（考
え方や感情）を重視するアプローチを統合させた治療法である。つまり，人の
悩みや障害を治療するのに，行動から変えていったり，認知から変えていくな
どのさまざまなやり方を用いることができる。

　認知行動療法に分類される治療法として，代表的なものは，ベック（Beck,

《トピックス・14》

ボディワーク

カウンセリングは，学派による違いはあるが，主にことばによるコミュニケーションを通して人の悩みを解消しようとする。つまり，クライエントはカウンセラーにことばで自分の悩みを打ち明け，それに対してカウンセラーがことばで応える，という作業である。

ところが，最近ではことばを使わないカウンセリングが注目されている。ことばを使わないというと語弊があるが，ことばよりもむしろ身体にアプローチすることで心の状態を変えていこうとする一派がある。これは広い意味でボディワークとよばれている。心の状態を変えるのに身体にアプローチする，と考えると少し不思議な感じがするかもしれない。

しかし，東洋では昔から「心身一如」ということばがあるように，心と身体を1つのものとしてみている。ボディワークは，身体に本来備わっている自然治癒力を高めることで身体の健康を回復させ，心の状態を健全なものにすることを目指し，さらには人生の意味や考え方までを含めた全体として1つの体系をもっており，単なる健康法ではない。

身体を肉体としてのみ考えるのではなく，心との関係で考え，身体を通し

て心の問題にせまるのがボディワークである（春木，1998）。簡単な例をあげると，人は誰でも緊張したときには肩や首，顔などの筋肉も同時に緊張してこわばる。このとき，深呼吸したり肩や首を回したりして身体の緊張をほぐすことで，リラックスできる。

このように身体の状態を変えることで，心の緊張もほぐれるのである。これも簡単なボディワークということもできるが，本来はボディワークは，生まれてからこれまでずっと使ってきて，知らないうちに習慣となってしまった身体の用い方や癖を，時間をかけて変えていこうとするところに本質がある。

ボディワークの技法にはさまざまなものが開発されており，また古来から伝わるヨーガや太極拳，指圧なども含まれる。1996 年に The Encyclopedia of Bodywork という，ボディワークの百科事典が出版されたが，それによると 300 種類ものボディワークがあるようである。さらに，ボディワークによって得られる効果もさまざまな効果があることがわかっている。表1に代表的なボディワークの技法とそれぞれの効果の一覧表を記載した。それぞれのボディワークにはそれぞれの人間観や哲学的な背景もあり，心や身体の考

え方もさまざまである（技法だけが独立し，速効性があるものもあるが）。したがって，対症療法的にどのような症状の場合はどの技法がよい，というわけにはいかず，いずれかの技法をじっくりと時間をかけて，その真髄まで理解するような用い方が望ましいだろう。

　文部科学省は平成 14 年度から小・中・高の体育の新学習指導要領の中に「からだほぐし」を施行する方針を打ち出した。これは，「自己の体に気づき，体の調子を整えたり，仲間と交流したりするためのいろいろな手軽な運動や律動的な運動をすること」とされている。この指導要領では心と体を一体として捉えるという，ボディワークの観点が盛り込まれており，これからの体育の授業の内容も変わってくるだろう。

表 1　ボディワークの目的とねらい（江頭, 1992）

	漸進的弛緩法	マッサージ	アウェアネス・センサリー・	フェルデンクライス・メソッド	アレクサンダー・テクニックス	ロルフィング	バイオエナジェティックス	ヨガ	太極拳	臨床動作法
受動的リラクセーション		◎								
能動的リラクセーション	◎		○	○	○					
身体好悪への気づき	●		◎	◎	●	○		●		○
正しいからだの使い方	○		○	●	◎			○	●	●
姿勢の調整						◎				○
エネルギーの解放										
感情の解放						○	◎			
気の流れの調整								◎	◎	
自己活動の活性化										◎

注1：◎は主目的を，●は主目的と同程度に重要なねらいを現す。
　2：「正しいからだの使い方」は動作法的な表現をすれば「適切な努力の仕方」である。

A. T.）の創始した認知療法，エリス（Ellis, A.）の創始した論理情動行動療法，マイケンバウム（Meichenbaum, D.）の創始したストレス免疫訓練などがある。ここでは認知療法をとりあげ，解説することにしよう。

認知を重視する治療法の考え方は，「私たちが悩んだり幸福だと感じるのは，悩みや幸福が外部にあるわけではなく，できごとや状況をどう捉えるのかによって決まるのである」ということである。たとえば，恋人ができて喜んでいる友達がいるとしよう。そのことを友達に聞かされたとき，「私には恋人がいないのに自分だけ幸せになって……」と感じて，内心腹立たしく思う人もいるだろう。あるいは，「私には恋人がいないけれど，友達が幸せになってくれると私もうれしい」と喜ぶ人もいるだろう。このように，同じできごとを経験した場合でも，その捉え方によってさまざまな感情を味わうのである。このことを簡単な図式で示したのがエリスである。

彼は ABC 理論によってこの感情が起こる仕組みを説明した。A（Activity, action）はできごと，B（Belief）は信念や思考，C（Consequence）は行動や感情であるとし，心に生ずる感情（C）は，A→B→C の順序で起こっていくとされる。マクマリンとギルス（McMullin and Giles, 1990）はカメラに写るネコを描いてクライエントに見せることで，このことを簡潔に説明している（図5-20）。まず，ネコ（A）は状況を表し，カメラの中にいるネコのイメージは結果（C）を表し，カメラのレンズはクライエントの習慣になっている思い込み（B）を表している。カウンセラーはクライエントに次のようにいう。「いま，あなたはカメラの中にいます。レンズを通してむこうに『赤いネコ』が見えていると想像してください。でもこの場合，そのネコが本当に赤いかどうかは，どうしたらわかるでしょうか？　たとえば，そのレンズに『赤いフィルター』がかぶせてあるのかもしれません。このフィルターは，さまざまな事象に対するわたしたちの知覚を不正確に色づけする働きをします。それで，この場合のフィルターは，誤った思い込みに似ています。では，そのネコが本当に赤いかどうか，どうしたらわかるでしょうか？」

カウンセラーとともに考え解決策を見つけたら，次にクライエントの習慣に

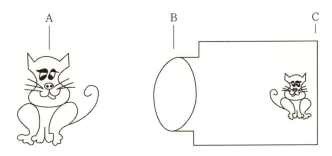

図 5-20　ネコとカメラのたとえ話

なっている思い込みが，真実に基づいた正しいものであるか，そうでないかについても，同じように確かめることができることを教える。

2)　認知モデル

認知療法では，感情は以下の3つの要素によって作られるとされる（Freeman, 1989）。

認知の3特徴

認知には否定的な歪んだ特徴が3つある。「自分自身」（たとえば，私は何をしてもダメな人だ），「世界」（たとえば，世の中にはいいことなどありえない），「未来」（たとえば，将来生きていてもなにもいいことなどないだろう）の3つである。当初はうつ病患者の訴えや考え方を理解するために考えられたものであるが，うつ病以外の病気についても広く適用できる。

自動思考

われわれが抱く感情は，ほとんど何の考えもなく自動的に起こっているように思える。それは，感情を起こす思考というのは，ほぼ無意識のうちに自動的に働いているから気づかないのである。思考もくせや習慣と同じで，長い間にいろいろな経験をする中で，自分でも気づかないうちに人それぞれ特有の考え方をするようになる。

スキーマ

自動思考はそのときどきに心に浮かぶ思考であるのに対して，スキーマは心の奥にあり，自動思考を作り出すもととなる信念であるといえる。これは，幼児期にはできあがる人生の基本法則である。たとえば，「私は誰からも好かれなければならない」といった信念である。クライエントのもつ認知の歪みを検討することで，その背景にあるスキーマを見つけだすことができる。

3) 認知のアセスメントと適用範囲

認知を測定するための尺度として，日本では JIBT（日本版 Irrational Belief Test；松村，1991）や IBTC（Irrational Belief Test for Children；石川・山口，1993）などがある．これらはどちらも，エリスの理論に基づいて不合理な認知を測定するためのものであり，7個の下位尺度から成るのが特徴である。

認知療法は，もともとはうつ病の治療法として開発された。しかしその後治療対象を広げていき，不安障害，対人不安，スピーチ不安，摂食障害，怒りや慢性の痛みなどの治療に効果があることがわかってきた。

4) 治療

認知療法では，認知的技法と行動的技法を用いて治療をおこなっていく。この両者は組み合わせて用いることが望ましいが，クライエントの症状が重かったり，知的能力が低かったりする場合には行動的な技法を利用し，逆に症状が軽かったり，また知的能力が高いクライエントの場合は認知的技法を用いる。

認知的技法

クライエントの自動思考やスキーマを明らかにし，それを修正することによって問題になっている行動や感情を治していくやり方である。このとき，クライエントの自動思考を明らかにする会話の仕方として，「ソクラテスの問答法」とよばれるやり方を用いる。これは，テレビの人気番組「刑事コロンボ」で俳優のピーター・フォークが演じたコロンボ刑事の会話の仕方と似ているので，

「コロンボ的技法」ともよばれる。たとえば,「今のあなたのお話をうかがって
いると, あなたは……と言っているように思われますが, そういうことなので
しょうか？」というような聞き方をして, クライエントの考えを明らかにして
いくのである。

行動的技法

今まで避けてきた結果, ほとんどしてこなかった行動を直接やってみること
で認知を変えていくやり方である。たとえば, 人前に出るのを怖がっているク
ライエントに, 少しずつ人前にでる体験をさせ, そのことによって「人前に出
ても怖いことなんかないんだ」というように認知を変えることができる。

「百聞は一見に如かず」といわれるように, どんなに他人から「怖くないか
らやってみろ」とくり返し言われるよりも, 実際に自分の目で怖くないことを
確かめるほうが, はるかに説得力をもって認知を変えられるのである。

━━ 考えてみよう⑤ ━━

◇今日会ったいろいろな友達とのやりとりを交流分析で分析してみよう。うま
　くいったパターン, うまくいかなかったパターンを分析してみよう。

◇家族と一緒に住んでいる人は, 父親や母親, 兄弟と自分の間でよくあるマン
　ネリ化した会話のパターンを分析してみよう。またそれを変えるには, どう
　したらいいだろう。

◇緊張しないで好きな人に告白するには, どうしたらいいだろうか。行動療法
　の考え方でスケジュールを立ててみよう。

第 **6** 章

心理療法における
カウンセラーとクライエント

第1節　心理療法の効果はいかに

　心理療法とひとくちで言っても，数え切れないほど多くの学派がある。それ
ぞれの学派にはそれぞれの考え方があり，カウンセラーは必ずいずれかの学派
に属して，長い間その学派の教育を受けてようやく一人前のカウンセラーにな
れるのである。同じ症状のクライエントでも，学派が違えばその原因の考え方
も治療のやり方も異なり，さらには治療の終結（治ったとみなされる基準）の
考えも異なる。そこで，いくつもの学派の治療法を比べることは非常に難しく
なる。また比べた結果「あなたの治療法では効果がない」などと言ったりすれ
ば，それこそ相手の沽券に関わることであり，それ相応のお叱りを受けること
は覚悟しなければならないだろう。しかしここでは敢えてこのような比較をお
こなった勇気ある研究のいくつかを紹介したい。

1．　心理療法の効果とは

まず2つのキーワードについて説明しよう。

1)　プラシーボ効果（Placebo effect：偽薬効果）

　「車に乗ると必ず酔ってしまうので，先生に言われたようにお腹に梅干しを
貼っておいたら酔わなかった」，というような経験はないだろうか。このよう
に，本当は効果のない薬を飲んだり何かをした結果，何らかの効果がみられる
ような現象をプラシーボ効果という。人の思い込みや暗示の影響は非常に大き
いもので，心理面だけではなく身体にまで影響を与えることがわかっている。
だから胃薬でも頭痛薬でも，新しい薬が開発されたときには，必ずその薬の効
果を判定する「治験」がおこなわれる。

　薬の効果の判定は実に厳しい方法が用いられる。まず同じ症状をもつ患者を

2つのグループに分ける。そして試したい薬と形も色も重さもまったく同じだが効果がまったくない偽薬を用意する。偽薬はふつうデンプンなどの粉を固めたものを用いる。一方のグループには試したい薬を飲ませ，もう一方のグループには偽薬を飲ませるのだが，薬を処方する医者も実はどちらの薬かは知らないのである。それは実験者だけが知っており，薬の番号とその真偽が書かれた一覧表は金庫に入れて厳重に保管される。

　このように薬を処方する医者にも処方される患者にも薬の真偽を知らせないでおこなわれる手続きを「二重盲検法」という。これは医者に薬の真偽がわかっていると，患者に薬をわたす際の表情や声や態度に無意識のうちに出てしまうことがあり，そのために患者が薬の効果を疑ったりするのを防ぐためである。薬の効果が厳密に測定されたあと，はじめて金庫の扉は開けられる。そして偽薬を飲ませた患者のグループよりも試したい薬を飲んだグループの効果が上回っていなければ，薬の効果はないとされる。

　プラシーボ効果を逆にうまく治療に応用することもできる。たとえば不眠の患者の治療に用いることができる。不眠の患者はふとんに入るといつも，「今日は眠れるかな？」と自分の心身の状態に注意を向けてくよくよしてしまうことが多い。そのため不安や緊張が高まって，かえって眠れなくなるのである。だから医者は偽薬をわたして（この場合は医者は偽薬だと知っている），「これは不眠を治す薬ですが，飲むと眠るときにドキドキしてしまう副作用があります」と伝える。すると患者は眠るときにいつものように自分の状態に注意を向けるが，もしドキドキしていても「これはさっき飲んだ薬のせいだ」と思って安心でき，そのうちに寝てしまう。逆にドキドキしなかったとしても，「これは薬が効いたおかげだ」と思って安心して眠れるのである。どちらに転んでも寝られるのである。

　さて心理療法でも，プラシーボ効果は大きな影響をもっている。たとえば本当は効果がない心理療法を受けているにもかかわらず，クライエントは「治療を受けているんだから治るはずだ」，と思って治療を受けているうちに本当に治ってしまう場合がある。しかし実際には，まったく治療効果のない治療法な

どないのである。われわれは周りの友だちに悩みを打ち明けて相談するだけで元気になってしまうことも多いだろう。このような場合、どうすれば心理療法の効果を判定できるだろうか。

心理療法の場合は、先に述べた「二重盲検法」は使うことができない。なぜなら、「カウンセラーが、自分はどの流派の治療法を用いているのか知らないで心理療法をおこなう」などということはあり得ないからである。そこで「二重盲検法」を使うのではなく、プラシーボ効果をあらかじめ想定して、実際の治療をおこなうグループ（実験群）と、治療をおこなわないこと以外は実験群と同じことをさせるグループ（統制群）を設けて、これら2つのグループの効果を比較すれば、治療の効果を測定できるわけである。

2）　自然治癒

包丁で手を切ってしまっても、1週間もすれば傷口は自然にふさがって治ってしまう。このように健康な状態から外れたときに、もとの状態に回復させる、人間がもともともっている力を「自然治癒力」という。自然治癒は身体にだけ備わっているわけではなく、心にも同じようにはたらく。苦しいことでも時間がたてば軽くなるだろう。精神病以外のクライエントの自然治癒率について調査した研究によると、心理療法を受けなくても、およそ30〜54%が自然に回復し（Bergin, 1971）、子どもの場合では70〜80%であるとの報告もある（Levitt, 1963）。したがって心理療法は、自然治癒率を上回る効果が得られなければ、やっても意味がないといえる。

また、プラシーボ効果も自然治癒率を押し上げる効果をもっていることに注意しなければならない。何もしなくても治っていく過程で、「治療を受けている」という意識が治療効果をさらに高めるのである。そのため心理療法の効果を厳密に測ろうとすると、3つのグループを用いて比較しなければならないことになる。1つは実際に効果を測りたい心理療法をおこなうグループ（実験群）である。2つめは、心理療法をおこなうこと以外は実験群と同等に扱うグループ（統制群）である。3つめは、実験群が治療をおこなっている期間中、

何もおこなわずにただひたすら待っていてもらうグループ（対照群）である。つまり統制群はプラシーボ効果と比べるために，対照群は自然治癒力とプラシーボ効果の両方と比べるために設けるのである。ある心理療法の効果を厳密に測定したいと思ったら，この3つのグループを設けて比較することが必要なのである。

2.　心理療法の効果を比べてみる

それでは，実際にこれらの2つあるいは3つのグループを用いて心理療法の効果を測定した研究を紹介しよう。クーパー（Cooper, 1980）は，ヘビ恐怖症（ヘビだけを異様に怖がる症状）の人を2つのグループに分けた。一方にはオーソドックスな心理療法（この場合は行動療法だった）を40分間おこない，もう一方のグループには偽りの心理療法をおこなうというものだった。その内容とは，縄とびやランニングなどの身体運動を40分間おこなうというものであった。どう考えても恐怖症の治療と関係なさそうであるが，このとき被験者には「この40分の運動が情動的感受性を高め，それが恐怖を低減する」と，もっともらしい説明をされていた。対照群の被験者はさらに2つの条件に振り分けられた。一方は実験に参加するのを取り止めるか否かを選択できたが，もう一方の被験者は選択できなかった。

実験の結果は，なんと，オーソドックスな心理療法と，この偽りの心理療法でも効果は同じくらいあったというのである。ただし，実験への参加を強制された被験者たちには効果がなかったが。つまりクーパーは，「自分から進んで治療を受けようという意思と，治るための努力が必要なものなら，どんな活動でも治療効果をもつのではないか」という問題を投げかけたのである。

次に，実際の心理療法の流派で治療効果を比較した研究を紹介しよう。

これまでに多くの研究者が，心理療法の流派の効果を比較検討している。その中で代表的なルボルスキーら（Luborsky et al., 1971）は，「個人療法 vs 集団療法」，「行動療法 vs その他の心理療法」，「薬物療法 vs 心理療法」などを

厳密な基準を用いて比較していった。その結果わかったことは，「ほとんどの場合に心理療法の間で優劣の差はみられないこと」，「どんな心理療法をおこなっても大半のクライエントには効果があること」，「心理療法をおこなわない統制群が心理療法の効果を上回ることはないが，3分の1では心理療法と同等の効果をもつこと」，「心理療法が薬物療法の効果を上回ることはないこと」，などであった。その他の研究では，細かい点では「この治療法はあの治療法に勝っていた」というような結果もあったが，多くの研究では「心理療法の効果はどれもほぼ同じ」という結果であった。そこでどの治療法にも共通する要素というものがあり，それがクライエントを治しているのだと考えることができる。

　以上のように心理療法の流派や治療法の間には治療効果の差はあまりないことがわかった。そこでどの治療法にも共通する要素としてカウンセラーとクライエントに関わる要素について見てみよう。

第2節　カウンセラーとクライエント

1.　良いカウンセラー・悪いカウンセラー

　一般的に，新米のカウンセラーよりベテランのカウンセラーほどよい効果をあげるのではないかと予想される。しかし実際には，カウンセラーとしての治療経験の長さと治療効果の間には，あまり関係がないのである（Auerbach & Johnson, 1977）。ただ，経験の長いカウンセラーのほうが，経験の短いカウンセラーよりも，クライエントと望ましい関係を築くことはできるようである。

　それでは，カウンセラーがクライエントから，専門家であると認められることの重要性についてはどうであろうか。グリーンバーグ（Greenberg, 1968）は，経験のない素人であると紹介されたカウンセラーでさえも，カウンセリングを受けないクライエントよりは，クライエントを治すことができることを明

らかにした。つまり，クライエントによっては，素人のカウンセラー（役）の
人からカウンセリングを受けたとしても，効果があるのである。その理由とし
て考えられるのは，日常の場面でもしばしばみられるように，人は専門家でな
いが信頼できる人に相談することによって，その人から共感的に理解され，支
持されるだけで大きな励ましを得ることができるのである。また抱いている悩
みを，人にただ黙って聴いてもらうだけで，心がすっきりして元気になること
もあるだろう。つまり，カウンセラーは必ずしも専門家である必要はない，と
もいえる。ただし，このような症状の軽いクライエントばかりでなく，専門的
な訓練を受けたカウンセラーでなければ治療できないクライエントも多いこと
はいうまでもない。

　次にクライエントにとって魅力的であると思われるカウンセラーは，どのよ
うな人であろうか。クレイボーン（Claiborn, 1979）によれば，性格が暖かく
自分に関心を示してくれるカウンセラーは，冷たく無関心なカウンセラーより
好かれ，また関心を示す非言語行動（アイコンタクト，うなずき，微笑など）
は，カウンセラーへの好意を高めることを示した。

　それでは，魅力の高いカウンセラーほど，治療効果は高いのだろうか。この
点を研究した研究結果は，カウンセラーの魅力が治療効果を高めることを示し
た研究もあるが（Patton, 1969），そのような効果が得られなかった研究もあ
る（Dell, 1973）。このようにカウンセラーの魅力と治療効果の関係には一貫
した結果が得られていないが，その理由として以下のように考えられる。カウ
ンセラーの魅力は治療効果を直接高めるのではなく，クライエントが治療を休
まず，積極的に喜んで参加するという間接的効果を高めると考えられる。した
がって，たとえばクライエントがカウンセラーを有能で信頼できる人であると
みているなら，カウンセラーの魅力は治療効果にはあまり関係がないだろう。
しかし，もしそうでない場合は，カウンセラーの魅力が威力を発揮するのだ。

　その他，カウンセリング場面でのカウンセラーの非言語行動を検討した研究
もある。非言語行動とは，ことば以外の方法で相手にさまざまなメッセージを
伝える行動である（トピックス15参照）。たとえば，相手の目をよく見て話す人

《トピックス・15》

非言語コミュニケーション

人が誰かとコミュニケーションするとき，さまざまな情報をやりとりする。相手にことばで「こんにちは，元気？」と聞いて「元気だよ」と答えたとしたら，相手が元気であることがわかる。しかし，わざわざことばで聞かなくても，相手の顔色や声の調子，肌のつやなどからの方が，もっと細かく相手の状態についてわかるものである。

このような，ことばによらないが人の情報伝達に関わっている部分を非言語コミュニケーションという。2者のコミュニケーションの際にやり取りする全情報の実に9割以上は，非言語によって伝達されるともいわれている (Mehrabian, 1972)。

人の非言語によって情報を伝える部分をチャネルというが，大きくわけると，顔の表情，視線，対人空間（パーソナル・スペース），身体接触（タッチング）などのチャネルごとの研究がおこなわれている。それぞれのチャネルについておこなわれた研究を紹介しよう。

① 顔の表情

人の表情というのは生まれつきのもので，誰でも同じ表情をするのだろうか，それとも生まれてからいろいろな人の表情を見ているうちに学んだもの

なのだろうか。この問題に答えるために，エックマンとフリーセン (Ekman & Friesen, 1971) は次のような研究をした。

まずアメリカ人と，遠く離れたボルネオの住人たちに，幸福，驚き，怖れ，怒り，悲しみ，不快，軽蔑，興味，それぞれの感情を顔で表現してもらった。その表情をカメラで撮影し，2つの国の人の表情を比べてみたところ，どちらの国の人も同じ感情状態にあるときには，まったく同じ表情をすることがわかったのである。ボルネオの住人たちは，電波も届かない地域に生まれ育った住人たちであり，テレビをみて学んだ可能性はないこともわかっている。このことから，人の表情というものは，生まれてから学んだものではなく，生まれながらに備わっているものが発現されたものであることがわかった。

さて臨床心理学では，表情の異常についての研究がされてきた。表情に異常がみられる心の問題としては，うつ病や躁病，精神分裂病があげられる。まず，うつ病者の表情は弱々しく陰うつであるのに対して，躁病者の表情は高揚した表情である（坂本, 1995）。一方，精神分裂病者は喜怒哀楽の感情の動きが乏しく，感情の表出があまりな

かったり，「空笑い」をしたりするのが特徴である。空笑いは，おかしいことがなくても1分以上も笑い続けるため，側にいる人には空虚な感じを与える笑いである（東, 1995）。

② 視線

レストランでウエートレスを呼ぼうとするとき，誰でも一生懸命ウエートレスとアイコンタクトをとろうとするだろう。また，逆に筆者の授業中によく経験することだが，誰かに質問しようとして教室を見わたすと，一斉に下を向いてしまうものである。このように，視線は相手とコミュニケーションをしたいという意思を表すものとして用いられる。

視線の障害として，視線恐怖があげられる。視線恐怖は対人恐怖の1つであるが，他者の視線を怖れる他者視線恐怖と，自分の視線を怖れる自己視線恐怖がある。他者視線恐怖の場合は，自分の内面が外面に現れて他人に秘密が露見されてしまうのではないかと怖れて，他人の視線から逃れようとする。一方，自己視線恐怖の場合は，自分の目つきが異様で相手を不愉快な気分にしてしまうのではないかと怖れるのである。そのため相手の目を見て話すことが困難で，どうしても視線を外してしまう。

不思議なことに，目を向ける相手が両親などの肉親や兄弟，あるいはまったく赤の他人に怖れをいだくことはまれである。ほとんどが，お互いによく知り合っていないが，今後も関係をもつ可能性のある人に対して怖れをいだく。この他には，自閉症児にも視線の異常がみられる。自閉症児の特徴として，視線を合わせることを極端に避け，ちらりと見るだけですぐに視線を逸らしてしまう。この傾向は，自閉症児は意識の覚醒水準が高く，刺激によって興奮が高まるので，視線を避けることによって水準を下げようとしているのだと考えられている。さらに，精神分裂病患者や躁うつ病者も視線を避ける傾向がある。ただ分裂病者の視線の回避は，対人的な接触を回避したいためであるとされ，躁うつ病者のそれは，罪の意識や自己評価の低さが原因であると考えられており，同じ症状でも原因は異なるようである。

③ 対人空間（パーソナル・スペース）

われわれの身体の周りには前方に長い楕円形をした「なわばり」のような領域があり，この領域に他人が入ると不快感を感じる空間がある。この領域はパーソナル・スペースとよばれている。パーソナル・スペースは，相互作用する相手との関係によって伸縮する。たとえば親密な恋人同士では，45cm以内の密接ゾーンで語り合い，仕事の間柄にある上司と話すときなどは，公衆距離（120〜210cm）が用いられる。

パーソナル・スペースの障害は，精神分裂病者と対人不安者にみられる。まず精神分裂病者について仲宗根（1972）は，治療の面接場面で，患者が面接者（医師）に対してとる位置や

パーソナル・スペースの使い方について実験をおこなった。彼は，患者が医者と面接をする際に，出入り口付近に置いてある椅子を患者自身が好きな場所までもっていき，自分の気に入った位置で話ができるようにした。図1は，女性患者が入院直後と2か月後に選んだ位置である。これによると，2か月後の位置を示す黒丸が図の中央付近に集中していることがわかる。この黒丸の位置は，健常な人たちが座る位置とほぼ同じ位置である。

次に対人不安については，山口・石川（1997）は，図2のような配置の座席で，対人不安の高い大学生と，低い大学生が，それぞれ面接をおこなう際にどの座席に座るかについて調査をおこなった。その結果，対人不安の高い大学生は，相手と距離が離れ視線を合わせにくい座席Eや座席Fを，対人

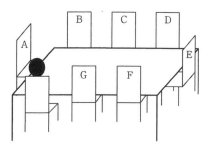

図2　対人不安の着席行動で用いた図
（山口・石川，1997）

不安の低い大学生は相手と距離が近く視線を合わせやすい座席Bや座席Cを選択することがわかった。

また，彼らは対人不安の高い人を被験者として集め，距離の近い座席Aあるいは距離の遠い座席Cに被験者を座らせて1人ずつ面接をおこなった。すると座席Aで面接をおこなうと，最初のころは被験者は緊張してしまって治療には負の効果がもたらされた。しかし何度も面接をして被験者の緊張がなくなってくると，逆に面接者と親密感を感じてラポールがつくりやすくなる，といった肯定的な効果に変わることもわかった。

④ 身体接触（タッチング）

人は恋人同士のような親密な間柄にある相手とは，手をつないだり触れ合ったりしたがるが，嫌いな相手に触れられると鳥肌がたつほど嫌なこともある。一生の間では，特に幼少期の母子のスキンシップが重要である。たとえば拒食症や過食症といった摂食障害の患者は，過去に親とスキンシップをした記憶が健常者よりも少ないといわれ

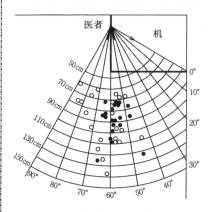

○　入院直後の患者の位置
●　2カ月後の患者の位置

図1　分裂病患者の座る位置
（仲宗根，1972）

ている（Gupta, et al., 1995）。

摂食障害は，親の養育態度に問題があることが原因であると考えられており，特に母親と子どものスキンシップの不足が，摂食障害を引き起こしている可能性も考えられる。同様に，山口ら（2000）は，心療内科の患者群と健常な大学生にアンケート調査をおこない，幼少期に両親から受けた身体接触の量について調べた。その結果，患者群は健常群に比べて幼少期に両親から受けたスキンシップの量を過小評価する傾向があることがわかった。またこの傾向は，特に普段からスキンシップの多い女性に顕著にみられた（図3）。

さらに，うつ病の母親は子どもとスキンシップをあまりとらないことも確かめられている（Field et al., 1996）。そこでうつ病の母親を対象にして，子どもとスキンシップを多くとらせることを目的としたマッサージセラピーも

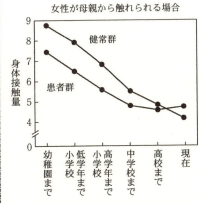

図 3　幼年期から現在までの身体接触量の発達的変化

開発されている。子どもにマッサージを施すことで，子どもの心身の健康が促進されるばかりでなく，母親自身も肌の触れ合いを通じて，子どもとどのように接したらよいのかがわかり，子どもが何を考えているのかもわかるようになるため，親子のコミュニケーションを良くする効果もあるようである。

⑤ 化粧

女性なら誰でも化粧を経験したことはあるだろう。人は化粧をすることで，どのように行動や情動が変化するのだろうか。

伊波・浜（1993）は，高齢者を対象に継時的に化粧を施し，痴呆老人の情動の変化について検討した。その結果，自宅では抑うつ気味で行動もやや消極的であった被験者は，高齢であることを理由に化粧は長い間おこなっていなかったが，実験が進むにつれて，化粧方法の要求などもするようになった。また，周囲の入所者にも呼び掛け，他の入所者と連れだって来室するようになり，一時帰宅後はコンパクトを持ち歩く習慣が身についた。周囲の人たちから「きれいになった」と肯定的な評価が得られることから，表情豊かに他者と接するようになった者もいた。

これらの他にも，服装，ジェスチャー，声，しぐさなどの非言語行動があり，それぞれ興味深い研究がおこなわれている。

（アイコンタクトが多い人）は，「私はあなたに関心がある」というメッセージを無言のうちに伝達しているのである。

　まずクライエントとカウンセラーとの間のアイコンタクトが多い場合は，カウンセラーへの評価が良くなる（Kelly, 1978）。しかし，単にアイコンタクトの量が多ければ多いほど好意的に評価されるわけではない。たとえば，カウンセラーがクライエントの抱えている問題に焦点を当てた場合では，アイコンタクトが低いカウンセラーは誠実でないと評価される。しかし，カウンセラーがクライエントの考えや感情といった内面に焦点を当てた場合は，カウンセラーのアイコンタクト量は関係ない（Tipton & Rymer, 1978）。つまり，カウンセラーのアイコンタクトは，クライエントの気持ちをわかっていることを伝える役割をもっていると考えられる。

　2者間の距離については，一般に距離が近いほど，2人の親密さは高まるといわれている（渋谷, 1976）。しかし対人不安の高い者は近い距離で面接をおこなうと，遠い距離でおこなうよりも，緊張してしまうこともある（山口・石川, 1977）。したがって，クライエントの症状によっては，中程度あるいは遠距離が適している場合もあるのである。

　一方，カウンセラーとクライエントの非言語的行動の同調については，「ミラーリング」という技法が知られている。これはつまり，クライエントの姿勢やしぐさを，あたかも鏡に映っているかのようにカウンセラーが真似ることで，ラポールの形成を促したり，共感を高めたりするのである。このことは実験でも認められている（Bandler & Grinder, 1979）。

　これらの行動が治療効果を高めるのは，この種の行動をカウンセラーがとることにより，クライエントはカウンセラーを，より専門的で，信頼でき，魅力的で，説得力や共感力があると思われることから，クライエントの心を開かせ，カウンセラーの指示を受け入れやすくさせるからであろう。

2.　治りやすいクライエント・治りにくいクライエント

　昔からカウンセリングによる治療効果が高いクライエントに共通する特徴として，YAVIS（young, attractive, verbal intelligent, successful；若い，魅力的な，言語表現が豊か，知的，成功している）とよばれるものがある。つまり，これらの特徴を備えたクライエントは，カウンセラーにとって治療しやすく，好ましいクライエントだといえる。また，カウンセラーは容貌が美しく，ことばが流暢で，治療に積極的なクライエントを肯定的に評価する傾向がある（Lewis et al., 1981）。

　グルンバウム（Grunebaum, 1975）の報告でも，治療がうまくいきやすいクライエントの特徴として，健康で，社会的に上流社会層に属し，教育程度が高く，知的で，言語能力があり，治療に対する動機づけが高いが，現実検討能力に問題がなく，欲求不満耐性が高く，衝動のコントロールができることであるとした。このようなクライエントは知的で意思の力が強いため，自分で自分の問題についてよく理解，洞察しており，おそらく自分で解決法までわかっている場合が多い。そこで，カウンセラーが少し援助をするだけで，自分で治ってゆくのだと思われる。

　逆に，社会的に下層階級のクライエントは，カウンセリングを自ら受けようとすることが少なく，治療が長期に及び自ら治療を打ち切りやすい傾向がある（Lorion, 1974）。これは，治療にかかる金額が高額になるために，治療を受けることに抵抗があり，受けたとしても長続きしないことが原因であると考えられる。

　さらに，精神的な健康度が比較的高いクライエントは，どのようなカウンセリングをおこなっても治療効果は良いのであるが，精神的健康度の低いクライエントは，心理療法の種類によらず治療効果は乏しいとされる（Woody et al., 1983）。これも身体の病と同じで，軽症の場合は自然治癒力で治りやすいが，重症の場合は少しずつ長い時間をかけて治療していくことになる。

《トピックス・16》

二重拘束メッセージ（ダブルバインド仮説）

われわれのコミュニケーションでは，しゃべることばの内容と，非言語のメッセージが食い違ったり矛盾していることがよくある。たとえば，付き合っているカップルで男性が女性に「君が好きだ，愛してる」と口では言うものの，一緒にいても見つめ合うことも少なく，手をつないだりすることもなく，いつもデートに遅れてきたり，他の女性ばかり見たりするようなことはよくあることである。

このように口でしゃべることばの内容と，非言語の行動が食い違っている場合，われわれは非言語の手がかりの方が真実であると判断する傾向がある。それは，口では何とでも嘘をつけるしごまかしやすいのに対して，非言語の行動は意図的に操作するのがことばでしゃべるほど容易ではないからである。

実際，われわれが相手に嘘をついたりごまかしたりする場合には，表情が左右で非対称になったり，口の周りを触ったり，頭を掻いたりして，必ず何らかの非言語の行動をしてしまうことがわかっている（大坊, 1998）。また非言語の行動は，顔の表情や視線など頭に近い部分ほど自分で意図的に操作してごまかしやすいが，手や脚といった末端は操作しにくいとされる。

これは人間だけに限った現象ではない。たとえば飼い犬がうるさく吠えたので叱ったとしよう。そのとき犬が顔では反省した表情（？）をして悲し気な声を出したとしても，もしもしっぽを振っていたとしたら，本心は喜んでいるといえる。

それではこのような食い違いはなぜ生じるのだろうか。おそらく，話し手の心の中に2つの相反する感情があって，その両方の気持ちを伝えようとする無意識の願望があるからではないかと考えられている（工藤, 1999）。あるいは，人間関係を円滑にするために，嘘をついてごまかそうとする。しかし，嘘をつくことで緊張が高まり，その緊張のために高まったエネルギーが漏えいして非言語の行動となって現れてしまう，といった考えもある。いずれにしても，好意的な感情はことばで伝達され，否定的な感情は非言語のメッセージとして伝達される。

このような矛盾するメッセージを与えられ続けると，どうなるだろうか。ベイトソン（Bateson, C. D.）は，自分の世界に閉じこもり，人に対して無関心，あるいは冷淡で，妄想癖のある精神病質の家系には，愛と憎しみ，愛と恐怖などの二重のメッセージが多くかわされると指摘している。たとえ

ば，「いい子だね，愛してるよ」と言いながら，その声は冷ややかで顔もこわばっていたり，子どもと視線を合わせず無表情で「今度のテストの成績よかったね」と言ったりするのである。このような矛盾するメッセージに板挟みにされて，子どもはどちらを本心と受けとったらよいのかわからなくなり，「拘束」されたような状態になってしまうのである。

この研究から子どもと接するときには，叱るときは全身で思いっきり叱るし，誉めるときも全身で喜びを表して誉めるような接し方がいかに重要であるかがわかる。ただし，分裂病者をつくるのは「母親」に限らない。「父親」「学校の教師」「妻」「夫」「友だち」なども考えられる。

逆に，治療にも意図的に二重拘束を使う技法も開発されてきた。つまり「治療者の指示通りにしても症状が良くなるし，指示通りにしなくても良くなる」ようなメッセージでクライエントを縛りつけるのである。たとえば，「自分は他人に NO と言うことができずに自己嫌悪に陥っている」というクライエントがいたとしよう。それに対してカウンセラーは「これから毎日最低1回，他人から言われたことに対して NO と言うようにしなさい」と言う。もちろんクライエントは「先生，そんなこと言ったって僕にはできませんよ」と言う。それに対してカウンセラーは「すごい。もう始めたんだね。私の指示にもう NO と言っているじゃないか」と言うのである。クライエントは指示に従わなくても治療にむかって動きだしたのである。

3.　良好なクライエント―カウンセラーの関係を築くために

カウンセリングでは，ほとんど同じような症状をもった2人のクライエントそれぞれに対して，まったく同じ治療をおこなったとしても，治療プロセスがまったく異なるということがよく起こる。それは，クライエントとカウンセラーの関係が及ぼす効果が非常に大きいからである。一般に人生経験豊かな，年配でしかも同性のカウンセラーが適していると思われがちであるが，実際にはどうであろうか。むしろこのようなカウンセラーの場合，「自分にもそういう経験があった」といったように，自分の経験をクライエントにそのまま当てはめてしまいがちである。しかし，クライエントの症状や家族構成が似ているからといって，まったく同じことを体験していることはあり得ないし，同じ症状

でも一人ひとりのクライエントによって，まわりを取り巻く状況も問題の感じ方も異なるのである。このことがクライエントにはわかっているのに，カウンセラーにはわかっていないと感じてしまい，信頼を失うことになってしまう。また，カウンセラーが「私はこうやって（あなたと同じような）苦しみを乗り越えた」というようなことを言った場合，クライエントは「自分にはカウンセラーと同じことはできないから失格だ」と思って落ち込むかもしれない。

　実際のカウンセラーとクライエントの組み合わせによっては，以下のようなことが予想される。たとえば死期が近いことを悟っている老人のクライエントを，若いカウンセラーが担当した場合，クライエントの果たせなかった夢を投影させる可能性が高いだろうし，離婚を考えているクライエントを，独身の若いカウンセラーが担当した場合には，恋愛性転移を引き起こす可能性も高いだろう。

　クライエントとカウンセラーの組み合せを検討した研究によると，島本（1996）は，理性的か感情的かといったクライエントのタイプと，指示的か非指示的かといったカウンセラーの応答の適合性が高い場合にはクライエントの満足度が高く，適合性が低い場合にはクライエントの満足度が低くなることを明らかにした。つまり，理性で物事の判断をするタイプのクライエントには指示的アプローチが適しており，感情的に物事を判断するタイプのクライエントには，非指示的アプローチが適しているということである。

　カーカフとピアース（Carkhuff & Pierce, 1967）はカウンセラーとクライエントが社会的に同じ階層の出身者である場合には，異なる場合に比べて，カウンセリングが継続されやすい傾向があるとしている。しかし，ベックマン（Beckman, 1992）は，カウンセラーとクライエントの社会階級が一致しているか否かによって，カウンセリングの中断（ドロップアウト）を予測できるわけではない，としている。このように結果の一貫性は得られていない。これと同様に白石・立木（1991）は，カウンセラーとクライエントの年齢が離れすぎていたり，社会階層が異なる場合にはラポールが進展しにくい，としている。

　これらのことから，カウンセラーとクライエントの間に属性が一致するほ

ど，カウンセリング関係を維持しやすくなる可能性は考えられるが，だからといって，属性の不一致がカウンセリング関係を損なうとは限らないのである。属性の一致がラポールを促進する，という考えは現状では「仮説」の段階であるといえよう。

第3節　科学としての心理療法にむけて

　臨床心理学は，目の前にいるクライエントをいかに効率よく治すかが問題である。一方でそれ以外の心理学は，「人間の一般法則を導きだす」ことが大事なのである。そのためには集団にデータをとり，平均値を出して法則性を見い出すという方法を用いてきた。そのため，「個人」を相手にした臨床心理学と，「集団」を対象にした心理学では研究方法が異なるため，両者の交流があまりなされてこなかった。

　これまで臨床心理学の研究方法として「事例研究」がおこなわれてきたのだが，それらを見ると治療日誌といってもよいものがあまりに多く，クライエントの経過を漠然と記述したような印象が強いのも事実である。このままこのような状態が続いたとしたら，臨床心理学の発展はあまり期待できない。しかし個々のクライエントの状況を客観的に捉え，科学的な方法でアセスメントし，標準化された治療法を用いて治療効果を厳密に測定するような事例研究を積み重ねていけば，「こういうクライエントにはこういう治療法が有効だ」ということが，他のカウンセラーも共通の財産としてもつことができるようになるだろう。また，そのような事例研究を積み重ねることで，同じような症状をもつクライエントの全体像が把握できるようになり，そこから症状の原因や発症に関与している要因などを明らかにできるだろう。そうすれば，カウンセラーもクライエントをみてモデルを参照して最も適切なアプローチを選択でき，その治療経過も予想できるようになるだろう。

　最近は医療の世界でも，実証にもとづく医療（Evidence-Based Medicine）

が注目されるようになってきた。これまでの医療は医師の経験や勘に頼ってきたことへの反省から，病気の診断や治療法の選択，治療効果の測定までも数量化され，データベースになっている。臨床心理学の分野でもこのような動きがでてきており，それは「実証にもとづいた臨床心理学」とよばれている（丹野・坂本, 2001）。そこではひとりひとりの事例で，どの治療法が効果があったのかを調べ，多数の治療例からデータベースを作り，臨床現場に提供する，というようなプロセスが展開されるだろう。

　カウンセラーにとって，「臨床の実践（治療をおこなうこと）」と「臨床の研究（科学的態度）」の両者は，ともに欠かすことができない重要なことである。「私は将来カウンセラーになるから研究とは無関係だ」と考えてはいけない。心理学の研究方法をきちんと身につけ，科学的で客観的な態度でクライエントを診断し，適切な治療法を選び，治療効果を客観的に判定しようとする態度は，これからのカウンセラーにとってぜひとも必要な態度である。

考えてみよう⑥

○2人1組になって，1人が相手に，最近あった嫌な出来事を話してみよう。そのとき，相手は「うん，うん」とうなずいたり，相手の感情を「つらかったんだね」といったように相づちを入れて聴いてみる練習をしてみよう。次に，話す人と聴く人をかえてもう1度やってみよう。話す側にとっては話しやすさ，聴く側はその難しさがわかるだろう。

○2人1組になって，1人が相手に，最近あった嫌なできごとを話してみよう。そのとき，相手は目をそらして腕組みをして，体を斜に向けて，足を組んで聴いてみよう。次に，話す人と聴く人をかえてもう1度やってみよう。話す側の話しにくさがわかるだろう。

○カウンセラーがクライエントの特徴をよく「見る」ための訓練をしてみよう。3人1組になって，1人が観察するカウンセラー役を，もう1人は見られるモデルになる。まずカウンセラー役の人はモデルの全身をくまなく観察してみよう。そのあとカウンセラー役の人に後ろを向いてもらい，その間に

残りの 1 人はモデルのどこか一ヶ所だけ変えてみよう。最初はわかりやすいのがいいだろう。たとえば「髪型を少し変えてみる」とか「腕を曲げてみる」など。それができたらカウンセラー役の人に再びモデルを見てもらい，見る前とどこが違うかを指摘してもらう。正解だったら，もう 1 度。今度はもっと難しい変化をつけてみよう。

　このようにして，3 人で役割を交代してやってみよう。

○カウンセラーがクライエントの話しをよく「聴く」ための訓練をしてみよう。4 人 1 組になって，1 人がカウンセラーの役になって椅子に座ってもらい，下を向いて目をつぶってもらう。残りの 3 人はカウンセラー役の人の前に立って，顔の前で順番に名前を言ってから手を「パン」と叩く。つまり「A です。パン」，「B です。パン」，「C です。パン」といった具合に。カウンセラー役の人は，「この人はこの音だ」ということを 3 人分覚えなければならない。それができたら，こんどは誰か 1 人が（事前に選んでおく）カウンセラー役の人の前で（名前を言わずに）手だけ「パン」と音をだす。それが誰の音かを当てられれば正解である。

　このようにして，4 人で順番に役割を交代してやってみよう。

　同じようにして「歩くときの音でわかるか」，など実験してみよう。

○カウンセラーがクライエントに「触れる」ための訓練をしてみよう。普通のカウンセリングではカウンセラーがクライエントにやたらと触れることは良くないとされるが，ボディワークなどの身体にアプローチする心理療法では，クライエントに積極的に触れることに重きをおく。

　4 人 1 組になって，1 人がカウンセラーの役になって椅子に座ってもらい，下を向いて目をつぶり，掌を上に向けて膝の上におく。残りの 3 人はカウンセラー役の人の前に立って，順番に名前を言ってから，人さし指でカウンセラー役の人の掌に軽く触れる。要領は前の「聴く」ための訓練と同じである。カウンセラー役の人は，「この人の感触はこうだ」ということを 3 人分覚えなければならない。それができたら，こんどは誰かひとりが（事前に選んでおく）カウンセラー役の人の前で（名前を言わずに）先ほどと同じようにカウンセラー役の人の掌に軽く触れる。誰が触れたのかを当てられれば正解である。

　同じようにして，カウンセラー役の人に後ろを向いてもらって，「肩に掌で触れる場合」，「肩をもむ場合」などいろんなパターンで実験してみよう。

文　献

◇**第1章**
[参考文献]
福島　章（編）1989　適応と不適応　性格心理学新講座第3巻　金子書房
下山晴彦　2000　臨床実践における理論モデルの位置づけ　現代のエスプリ392　認知行動アプローチ　至文堂，Pp. 15-21.
津田秀樹ほか　性格がわかる・変えられる　別冊宝島335　宝島社

◇**第2章**
[引用文献]
Cattell, R. B. 1963 The theory of fluid and crystalized intelligence : A critical experiment. *Journal of Educational Psychology*, 54, 1-22.
前田重治　1985　図説 臨床精神分析学　誠信書房
Mischel, W. 1968 Personality and assessment. John Weiley.
宮城音弥　1985　岩波心理学小辞典　岩波書店
Symonds, P. M. 1939 *The psychology of parent-child relationships*. Appleton Century Crofts.
詫摩武俊　1971　性格　講談社現代新書
八木俊夫　1999　YG性格検査—YGテストの実務応用的診断法　日本心理技術研究所
柳原　光　1992　ジョハリの窓—対人関係における気づきの図解式モデル—　津村俊充・山口真人（編）　人間関係トレーニング—私を育てる教育への人間学的アプローチ—　ナカニシヤ出版，Pp. 66-69.

◇**第3章**
[引用文献]
APA（American Psychiatric Association）1994 *Diagnostic and Statistical Manual of Mental Disorders* (4 th ed.). Washington, DC : Author.〔米国精神医学会／高橋三郎（他訳）1995　DSM-IV 精神疾患の分類と診断の手引き　医学書院〕
Friedman, M. & Rosenman, R. 1974 *Type A behavior and your heart*. New York : Knopf.
平山　諭　1993　発達の臨床　平山　諭・鈴木隆男（編）発達心理学の基礎Ⅰ　ラ

イフサイクル　ミネルヴァ書房，Pp. 156-169.

伊藤啓介　1993　自閉症をもつ親への指導（訓練）佐藤　望（編者）自閉症の医療・教育・福祉　日本文化科学社，Pp. 134-141.

河野友信　1982　心身症のはなし　創元クリニックシリーズ5　創元社

小杉正太郎（編）1988　改訂新版精神衛生　川島書店

坂本真士　1997　自己注目と抑うつの社会心理学　東京大学出版会

Seligman, M. E. P. & Maier, S. F. 1967 Failure to escape traumatic shock. *Journal of Experimental Psychology*, 74, 9.

山口　創・山本晴義・春木　豊　2000　両親から受けた身体接触と心理的不適応との関連　健康心理学研究，13，12-23.

柳沢　慧　1990　いま赤ちゃんが危ない―サイレント・ベビーからの警告　日本実業出版社

［参考文献］

福島　章・町沢静夫　1999　人格障害の精神療法　金剛出版

Hiroto, D. S. 1974 Locus of control and learned helplessness. *Journal of Experimental Psychology*, 102, 187-193.

飯田　真・風祭　元　1979　分裂病　有斐閣選書

石川　中　1977　心身医学入門（第2版）南山堂

こども心身医療研究所　1996　子どもの心を知る―事例でみる心身医学入門　法政出版

小杉正太郎・荘厳舜哉・利島　保・長田久雄　1988　心の発見・心の探検　ミネルヴァ書房

本明　寛・間宮　武（監訳）1992　健康心理学入門　金子書房

成田善弘　1997　人格障害　現代のエスプリ別冊　至文堂

齊藤　勇　1988　図説心理学入門　誠信書房

大川　潔・寺山久美子　1977　心身障害幼児の養育技術　岩崎学術出版社

斎藤　学　1993　生きるのが怖い少女たち―過食・虚食の病理をさぐる　光文社

佐治守夫・福島　章・越智浩二郎　1976　ノイローゼ　有斐閣選書

佐藤泰正　1971　障害幼児の心理学　日本文化科学社

司馬理英子　1997　のび太・ジャイアン症候群―いじめっ子，いじめられっ子は同じ心の病が原因だった　主婦の友社

鈴村健治・高山佳子　1990　障害児の教育心理学　川島書店

冨田香里　1997　それでも吐き続けた私　講談社

筒井末春・中野　弘　1992　新心身医学入門　南山堂

ウィリアムズ，ドナ／河野万里子（訳）1993　自閉症だったわたしへ　新潮社

山登敬之　1998　拒食症と過食症—困惑するアリスたち　講談社現代新書

◇第 4 章
[引用文献]

工藤　力・西川正之　1983　孤独感に関する研究 (1) —孤独感尺度の信頼性・妥当性—実験社会心理学研究, 22, 99-108.

Nunn, N. L. 1962 *Introduction to psychology*. Boston : Houghton Mifflin.

大西誠一郎　1977　観察の意義と特質　依田新（監修）大西誠一郎・水山進吾・鈴木康平・山田英美　観察　心理学実験演習Ⅳ　金子書房, Pp. 2-5.

菅原健介　1984　自意識尺度 (self-conciousness scale) 日本語版作成の試み　心理学研究, 55, 184-188.

[参考文献]

秦　一士　1998　P-F スタディの理論と実際　北大路書房

石川　中ほか　1984　TEG（東大式エゴグラム）手引き　金子書房

伊藤隆二・松原達哉　1991　心理テスト法入門　日本文化科学社

鎌原雅彦・宮下一博・大野木裕明・中澤　潤　1998　心理学マニュアル　質問紙法　北大路書房

守屋光雄　1961　家庭における問題児と指導　戸川行男・長島貞夫・正木正・本明寛・依田新（編）　性格の異常と指導　性格心理学講座 4　金子書房, Pp. 3-42.

中澤　潤・大野木裕明・南　博文　1997　心理学マニュアル　観察法　北大路書房

外岡豊彦　1978　内田クレペリン曲線　臨床詳解〈図例編〉　清水弘文堂

杉田峰康　1983　こじれる人間関係—ドラマ的交流の分析　創元社

高橋順一・渡辺文夫・大淵憲一　1999　人間科学研究法ハンドブック　ナカニシヤ出版

津田浩一　1997　日本のバウムテスト—幼児・児童期を中心に　日本文化科学社

八木俊夫　1999　YG 性格検査—YG テストの実務応用的診断法　日本心理技術研究所

◇第 5 章
[参考文献]

アレン, F. H. 1957　問題児の心理療法　みすず書房〔Allen, F. H. 1942 Psychotherapy with children. Norton.〕

アクスライン, V. M./小林治夫（訳）遊戯療法　岩崎書店〔Axline, V. M. *Play therapy*. Houghton Mifflin.〕

石川利江・山口　創　1993　児童における不合理な認知の発達的検討　早稲田大学

人間科学研究，6，37-45．

岩月謙司　1999　娘の結婚運は父親で決まる―家庭内ストックホルムシンドロームの自縛　NHK ブックス

Klein, M. 1932　*The psychoanalysis of children*. Hogarth Press.

九州大学発達臨床センター（編）1998　基礎から学ぶ動作訓練　ナカニシヤ出版

Miller, J. G. 1980 The family as a system. In Hoffling, A. & Lewis, J. (eds.), *The family*. Mazel, N. Y.

森脇　要・池田数好・高木俊一郎　1959　子どもの心理療法　慶應通信

成瀬悟策　1987　タテ系動作訓練法　心理リハビリテーション研究所

成瀬悟策　1992　臨床動作法の理論と治療（現代のエスプリ別冊）　至文堂

高野清純　1997　プレイセラピー　内山喜久雄・高野清純（監修）講座サイコセラピー　6　日本文化科学社

Keller, F. S. & Schoenfeld, W. N. 1950 Principles of psychology. New York : Appleton.

Watson, J. B. & Rayner, R. 1920 Conditional emotional reactions. Journal of Experimental Psychology, 3, 1-14.

Yerkes, R. M. & Margulis, S. 1909 The method of Pavlov in animal behavior. *Psychological Bulltin*, 6, 264.

［参考文献］

上里一郎（監修）1993　心理アセスメントハンドブック　西村書店

デュセイ，J. M./池見西二郎（監修）新里里春（訳）1980　エゴグラム　創元社

フリーマン，A./遊佐安一郎（監訳）1989　認知療法入門　星和書店

フロイト，A./北見・佐藤（訳）1958　児童分析　誠信書房〔Freud, A. *The psycho-analytical treatment of children*. Imago Publishing Co.〕

吉川　悟　1995　家族療法　ミネルヴァ書房

河本　肇　1985　幼児の自己評価と行動基準の設定が歯磨き行動に及ぼす効果　教育心理学研究，33，307-314．

マクマリン，R. E. & ギルス，T. R/岩本隆茂・斎藤　厳・奥瀬　哲（編訳）1990　認知行動療法入門　川島書店

新里里春　1986　交流分析とエゴグラム　チーム医療　小此木啓吾　1973　フロイト―その自我の軌跡　NHK ブックス

ロジャース，C. R./友田不二男（訳）1966　カウンセリングと心理療法　ロージャズ全集第2巻　岩崎学術出版社

坂野雄二　1983　恐怖心の誕生　祐宗省三（編著）モデリング　福村出版

坂野雄二　1984　スピーチフライト（難発性吃音）　行動療法ケース研究編集委員会

（編）不安症候群　岩崎学術出版社

遊佐安一郎　1984　家族療法入門　星和書店

◇第6章
［引用文献］

Auerbach, A. H. & Johnson, M. 1977 Reserch on the therapist's level of experience. In Gurman, A. S., Razin, A. M. (eds.), *Effective Psychotherapy : A handbook of research.* New York : Pergamon Press.

Bandler, R. & Grinder, J. 1979 Frogs into princes : Neuro linguistic programming. Real People Press.〔酒井一夫（訳）1987　王子様になったカエル　東京図書〕

Beckman, E. E. 1992 Predicting patient dropout in psychotherapy. *Psychotherapy,* 29, 177-182.

Carkhuff, R. R. & Pierce, R. 1967 Differential Effects of Therapist Race and Social Class Upon Patient Depth of Self-Exploration in the Initial Clinical Interview. *Journal of Consulting Psychology,* 31, 632-634.

Claiborn, C. D. 1979 Counselor verbal intervention, nonverbal behavior, and social power. *Journal of Counseling Psychology,* 26, 378-383.

Cooper, J. 1980 Reducing fears and increasing assertiveness. *Journal of Experimental Social Psychology,* 16, 199-213.

Dell, D. M. 1973 Counselor power base, influence attempt, and behavior change in counseling. *Journal of Counseling Psychology,* 20, 399-405.

Greenberg, R. P. 1969 Effects of pressession information on perception of the therapist in a psychotherapy analogue. *Journal of Consulting and Clinical Psychology,* 33, 425-429.

Grunebaum, H. 1975 Soft-hearted review of hard-nosed research on groups. *International Journal of Group Psychotherapy,* 25, 185-195.

Kelly, E. W. 1978 Effect of counselor's eys contact on student-client's perception. *Perceptual and Motor Skills,* 46, 627-632.

Lewis, K. N., Davis, C. S., Walker, B. J., & Jennings, R. L. 1981 Attractive versus unattractive clients : Mediating influences on counselors' perceptions. *Journal of counseling Psychology,* 28, 309-314.

Lorion, R. P. 1974 Patient and therapist variables in the treatment of low-in-compatient. *Psychological Bulletin,* 81, 344-354.

Mehrabian, A. 1972 Nonverbal communication. Aldine Atherton, Inc.

Patton, M. J. 1969 Attraction, discrepancy, and response to psychological treatment. *Journal of Counseling Psychology*, 16, 317-324.

渋谷昌三　1976　社会の空間の基礎的研究　心理学研究，48，119-127.

島本淳子　1996　カウンセラー応答の指示性と来談者の心的状態との適合性に関する実験的研究　カウンセリング研究，29，9-18.

白木大介・立木茂雄　1991　カウンセリングの成功と失敗　失敗事例から学ぶ　創元社

Tipton, R. M. & Rymer, R. A. 1978 A laboratory study of the effects of varying-levels of counselor eye contact on client-focused and problem-focused counseling styles. *Journal of Counseling Psychology*, 25, 200-204.

Woody, G. E., Luborsky, L., McLellan, A. T., O'Brien, C. P., & Beck A. T. 1983 Psychotherapy for opiate addicts : Does it help ? *Archive General Psychiatry*, 40, 639-645.

山口　創・石川利江　1997　対人不安者の着席行動と印象形成―臨床における座席配置を想定して　性格心理学研究，5，15-26.

[参考文献]

安藤清志・渡辺浪二・大坊郁夫　1989　不適応と臨床の社会心理学　誠信書房

頼藤和寛・中川　晶・中尾和久　1993　心理療法―その有効性を検証する　朱鷺書房

◇トピックス

[引用文献]

東　司　1995　空笑いの精神生理学的研究　大阪大学医学雑誌，47.

Berekman, L. F. & Syme, S. L. 1979 Social networks, host resistance, and mortality : A nine-year follow-up study of Alameda country residents. *American Journal of Epidemiology*, 109, 186-204.

大坊郁夫　1998　しぐさのコミュニケーション―人は親しみをどう伝えあうか　サイエンス社

Ekman, P & Friesen, W. V. 1971 Constants across cultures in the face and emotion. *Journal of Personality and Social Psychology,* 17, 124, 129.

Field, T. & Grizzle, N. 1996 Massage therapy for infants of depressed mothers. *Infant Behavior and Development,* 19, 107-112.

Gupta, M. A. & Gupta, A. K. 1995 Perceived touch deprivation and body image : Some observations among eating disordered and non-clinical subjects. *Journal of Psychosomatic Research*, 39, 459-464.

春木　豊　1998　ボディワークからの認識論　日本体育学会（編）ボディワークの世界　体育の科学，48，101-104.

Holmes, T. H. & Rahe, R. H. 1967 The social readjustment scale. *Journal of Psychosomatic Research*, 11, 213-218.

伊波和恵・浜　治世　1993　老年期痴呆症者における情動活性化の試み　健康心理学研究，6，29-38.

岩男寿美子・松井　豊　1984　化粧の心理的効果（III）―化粧後の心理的変化　日本社会心理学会第 25 回大会発表論文集，128-129.

伊丹仁朗・昇　幹夫・手島秀毅　1994　笑いと免疫症　心身医学，34，566-571.

工藤　力　1999　しぐさと表情の心理分析　福村出版

Lazarus, R. C. & Cohen, J. B. 1977 Environmentel stress. In I. Attman & J. F. Wohlwill (eds.), *Human behavior and the environment : Theory and research*, Vol. 2., New York : Plenum.

Mehrabian, A. 1972 Nonverbal communication. Adine Atherton, Inc.

Morgan, M. 1980 Marital staus, health, illness and service use. *Social Science and Medicine*, 14 A, 633-643.

仲宗根泰昭　1972　分裂病者のコミュニケーション行動―面接時の Personal Space を中心として　精神医学，14，63-72.

大村政男　1990　血液型と性格　福村出版

Ross, C. E., Mirowsky, J., & Goldsteen, K. 1990 The impact of the family on health : The decade in review. *Journal of Marriage and the Family*, 52,1059-1078.

坂本　栄　1995　うつ病者の笑いの精神生理学的研究　大阪大学医学雑誌，47.

山口　創・石川利江　1997　対人不安者の着席行動と印象形成―臨床における座席配置を想定して　性格心理学研究，5，15-26.

山口　創・山本晴義・春木　豊　2000　両親から受けた身体接触と心理的不適応との関連　健康心理学研究，13，12-23.

山岡重行　1999　血液型ステレオタイプが生み出す血液型差別の検討　日本社会心理学会第 40 回大会発表論文集，60-61

吉野慎一ほか　1996　関節リウマチ患者に対する笑いの影響　心身医学，36，560-564.

Young, M., Benjamin, B., & Wallis, C. 1963 Mortality of widowers. *Lancet*, 2, 454-456.

［参考文献］

ヘラー，J. & ヘンキン，A./古池良太朗・杉　秀実（訳）1996　ボディワイズ―から

だの叡智をとりもどす　春秋社

伊東　博　1999　心身一如のニュー・カウンセリング　誠信書房

岩月謙司　1999　娘の結婚運は父親できまる―家庭内ストックホルムシンドロームの自縛　NHKブックス

カズンズ，ノーマン/松田　銑（訳）1996　笑いと治癒力　岩波書店クライン，アレン/片山陽子（訳）1998　笑いと治癒力　創元社

ラザルス，L. S. & フォルクマン，S./本明　寛・春木　豊・織田正美（監訳）1991　ストレスの心理学　実務教育出版

中村秀吉　1969　パラドックス：論理分析への紹介　中公新書

佐々木雄二　1989　自律訓練法の実際　創元社

佐々木雄二（編）1989　自律訓練法　講座サイコセラピー3　日本文化科学社

志水　彰　2000　笑い/その異常と正常　勁草書房

志水　彰・角辻　豊・中村　真　1994　人はなぜ笑うのか　講談社ブルーバックス

新宮一成　2000　夢分析　岩波新書

高橋正臣（監修）1995　人間関係の心理と臨床　北大路書房

鑪　幹八郎　1998　夢分析と心理療法　創元社

渡辺雄三　1995　夢分析による心理療法　金剛出版

吉村竜也　2000　図解深層心理学マニュアル　同文書院

遊佐安一郎　1990　家族療法入門―システムズ・アプローチの理論と実際　星和書店

人 名 索 引

〔ア 行〕

アイゼンク（Eysenk, H. J.）　　92
アクスライン（Axline, V. M.）　142
東 司　　183
アレン（Allen, F. H.）　　143
石川 中　　92
石川利江　　172, 184
伊丹仁朗　　144
ウェクスラー（Wechsler, D.）　100
ウディー（Woody, G. E.）　　187
エドワーズ（Edwards, A. L.）　91
エリクソン（Erikson, E. H.）　28
エリス（Ellis, A.）　　57, 170
オールポート（Allport, G. W.）　24

〔カ 行〕

カーカフ（Carkhuff, R. R.）　189
カズンズ（Cousins, N.）　　144
キャッテル（Cattell, R. B.）　24
ギルス（Giles, T. R.）　　170
ギルフォード（Guilford, J. P.）　90
クーパー（Cooper, J.）　　179
クライン（Klein, M.）　　142
グリーンバーグ（Greenberg, R. P.）180
グリンダー（Grinder, J.）　186
グルンバウム（Grunebaum, H.）　187
クレイボーン（Claiborn, C. D.）181
クレッチマー（Kretschmer, E.）21
クレペリン（Kraepelin, E.）　98

ケリー（Kelly, E. W.）　　186
ゴダード（Goddard, H.）　　73
コッホ（Koch, K.）　　96

〔サ 行〕

サイム（Syme, S. L.）　　76
サイモンズ（Symonds, P. M.）　18, 35
坂野雄二　　135, 137
坂本真士　　57
島本淳子　　189
シュナイダー（Schneider, K.）　74
シュプランガー（Spranger, E.）　23
ショー（Shor, J.）　　97
スキナー（Skinner, B. F.）　135
スピッツ（Spitz, R. A.）　19
セリエ（Selye, H.）　　60
セリグマン（Seligman, M. E. P.）　57

〔タ 行〕

高野清純　　143
立木茂雄　　190
ティプトン（Tipton, R. M.）　186
デル（Dell, D. M.）　　181

〔ナ 行〕

成瀬悟策　　147

〔ハ 行〕

バークマン（Berkman, L. F.）　　76
バーン（Berne, E.）　　154
バウアー（Bower, T. G. R.）　　27
ハサウェイ（Hathaway, S. R.）　　91
バック（Buck, J. N.）　　96
パットン（Patton, M. J.）　　181
パブロフ（Pavlov, I. P.）　　132
浜　治世　　185
春木　豊　　168
バンドラー（Bandler, R.）　　186
ピアース（Pierce, R.）　　189
ピアジェ（Piajet, J.）　　26
フィールド（Field, T.）　　185
フリーマン（Freeman, A.）　　171
フロイト（Freud, S.）　　10
ベイトソン（Bateson, C. D.）　　188
ベック（Beck, S. J.）　　57, 167
ベックマン（Beckman, E. E.）　　190
ホームズ（Holmes, T. H.）　　60

〔マ 行〕

マイアー（Maier, S. F.）　　57
マイケンバウム（Meichenbaum, D.）170
マクマリン（McMallin, R. E.）　　170
マコーバー（Machover, K.）　　97

マレー（Marray, H.）　　94
ミシェル（Mischel, W.）　　16
ミラー（Miller, J. G.）　　164
モーガン（Morgan, C.）　　94

〔ヤ 行〕

矢田部達郎　　90
山口　創　　172, 184
ユング（Jung, C. G.）　　12

〔ラ 行〕

ライマー（Rymer, R. A.）　　186
ラザルス（Lazarus, R. S.）　　60
ルウィス（Lewis, K. N.）　　187
ルーテ（Luthe, W.）　　70
ルボルスキー（Luborsky, L.）　　179
ローゼンツヴァイク（Rosenzweig, S.）95
ローデ（Rohde, A.）　　97
ロールシャッハ（Rorshach, H.）　　94
ロジャース（Rogers, C.）　　7, 128
ロス（Ross, C. E.）　　77
ロリオン（Lorion, R. P.）　　187

〔ワ 行〕

ワトソン（Watson, J. B.）　　133

事 項 索 引

〔あ 行〕

IBTC	172
青い鳥症候群	25
赤ちゃん返り	16
アスペルガー症候群	47
アセスメント	90
アニマ	13, 33
アニムス	13, 33
アレキシサイミア	59
EPPS	91
胃潰瘍・十二指腸潰瘍	81
一卵性双生児	36
一般システム理論	162
一般生物体システム理論	164
遺伝	36
イド	10
インテーク面接	107
陰性転移	128
ウェクスラー式知能検査	100
WISC-III	118
WPPSI	116
WAIS-III成人知能検査	100
内田クレペリン精神作業検査	98
HTP	92
エゴグラム	92, 156
エス	10
SCT	97
エディプス・コンプレックス	11
MMPI	91
MPI	91

遠城寺式乳幼児分析的発達検査法	113
オペラント条件づけ	135
おまかせ脱力	148

〔か 行〕

解離性障害	38
カウンセリング	5
学習障害（LD）	40
学習性格	19
学習性無力感	57
過食症	52
家族療法	161
価値的基準	4
家庭内ストックホルム・シンドローム	
	29
過敏性大腸症候群	80
感覚	112
感覚運動期	27
環境	36
環境対話法	40
観察学習（モデリング）	137
観察法	102
気質	19
気づき	161
拮抗条件づけ	133
基本的信頼	28
逆制止	133
逆転移	127
脚本分析	158
教育分析	128
境界性パーソナリティ障害	68

206

共感	129	サブシステム	164
強迫神経症	80	JIBT	172
恐怖症	57	自我	10
虚偽尺度	89	自我状態	154
拒食症	52	自我同一性	28
具体的操作期	28	自己監視法(セルフモニタリング)	139
クライエント(来談者)中心療法	128	自己強化法	139
グレイトマザー	32	自己罰則法	139
形式的操作期	28	システムズアプローチ	163
傾聴	128	自然観察法	103
系統的脱感作法	133	自然治癒	178
ゲーム分析	157	自然適応	6
血液型性格診断	110	実験的観察法	103
研究計画批判	8	実験法	107
元型	12	質問紙法	89
現実神経症	126	自動思考	171
現実脱感作法	135	自閉症スペクトラム障害(ASD)	44
交感神経	142	社会的適応	6
交差的交流	155	シャドウ	12, 33
高所恐怖症	59	従属変数	108
口唇期	25	主題統覚検査(TAT)	94
構成概念	89	主張訓練法	140
構造化面接	105	主張反応	141
行動療法	131	循環気質	21
行動論的セルフコントロール法	138	消去法	137
肛門期	25	ジョハリの窓	13
交流分析	154, 173	自律訓練法	83, 133
コーピングモデル	137	事例研究	180
個人的無意識	12	事例史的面接	107
		人格障害	68
〔さ 行〕		神経症	59
		神経症論	126
		神経衰弱	126
サイコセラピー	5	神経性無食欲症	52
サイコセラピスト	5	心身症	65
サイバネティクス理論	162	深層面接法	105
作業検査法	98		

身体接触（タッチング）	184
身体表現性障害	79
診断検査	109
心的エネルギー	125
シンデレラ・コンプレックス	17
信頼性	89
心理検査法	88
心理的適応	7
心理療法	5
スキーマ	172
スクリーニング検査	109
頭痛	57, 80
ストレス	60
ストレス免疫訓練	170
ストローク	159
性格の状況論	16
性器期	26
成熟期	26
精神医学	162
精神神経症	126
精神発達	113
精神病	69
精神分析的心理療法	127
精神分析療法	125
精神分裂病	65
精神療法	5
正の強化法	136
赤面恐怖症	59
摂食障害	52
セルフ	33
漸次接近法	137
漸進的弛緩法	133
前操作期	27
潜伏期	26
躁うつ病	58
相関関係	36

双生児法	36
相補的交流	157

〔た　行〕

ダイエット	139
退行	16
対人空間（パーソナル・スペース）	183
対比的エラー	104
タイプA行動	81
妥当性	89
田中・ビネー式知能検査	101
短気	120
男根期	26
知能検査法	99
注意欠陥/多動性障害（ADHA）	41
中心化傾向	89, 104
調査的面接法	105
超自我	11
津守式精神発達診断法	114
TEG	92
TAT	94
DAP	97
DSM	39
適応	4
テストバッテリー	101
転移	127
転移解釈	127
転換ヒステリー	80
同一視	16
投影	16
投影法	93
統計的基準	3
統合失調症	65
動作法	147
逃避	16

動物恐怖症	59
特殊的学習障害(SLD)	38
特性論	21, 24
独立変数	108
トラウマ	49

〔な 行〕

二重盲検法	177
認知モデル	171
認知療法	167
粘着気質	23
脳性麻痺	147
乗り物恐怖症	59

〔は 行〕

バウムテスト	96
パーソナル・スペース	183
発達障害	39
パニック障害	59
場面観察	121
ハロー効果	104
犯罪・非行	73
反応性愛着障害	49
P-Fスタディ	95
ピーターパン・シンドローム	23
非言語行動	181
非言語コミュニケーション	182
非構造化面接	105
表情	182
広場恐怖症	63
不安階層表	134
不安障害	59
不安神経症	80, 128
副交感神経	142

不適応	4
普遍的無意識	12
プラシーボ効果	176
分裂気質	21
閉所恐怖症	59
ペルソナ	33
防衛解釈	127
防衛機制	14
ホスピタリズム	19
保存の概念	28
ボディワーク	168
本態性高血圧	63, 82

〔ま 行〕

ミラーリング	186
無意識	12
面接法	105

〔や 行〕

役割性格	19
YAVIS	187
遊技面接	120
遊戯療法	142
夢分析	32
養育態度	35
幼児性格	19
陽性転移	127
抑圧	16

〔ら 行〕

ラポール	106
離人症	39
裏面的交流	157

臨床的面接法　107
類型論　21
レスポンデント条件づけ　132
劣等感　119
恋愛性転移　190
ロールシャッハ・テスト　94

論理情動行動療法　170

〔わ　行〕

Y-G 性格検査　90
笑い療法　144

あ と が き

　著者はもともと基礎系の心理学（行動学）の出身であり，臨床心理学の専門ではありませんでした。「人のこころを治すなんて大それたことを自分にはできるのだろうか。自分はそれほど立派な人間なのだろうか」，と不安が先立ってしまい，臨床心理学には興味があったにもかかわらず，なかなか自分でクライエントと接してみようとはしませんでした。しかし，臨床心理学を勉強するうちに，「完璧な人間じゃなくてもカウンセリングはできるんだ。自分が悩んできたぶん，クライエントの苦しみをわかってあげられるんじゃないだろうか」というような「認知の変容」をしてから，おそるおそるやりはじめたというのが正直なところです。このようにして実際のクライエントと接するようになり，経験を重ねてきてようやくコツをつかんできたところです。

　しかし実際にクライエントに接してみると，治療方法の知識だけはあったつもりでしたが，なかなか教科書に書いてあるとおりにはうまくいきません。本で読んで知っていたことと実際のカウンセリングとはこれほど違うのか，と思い悩みました。そして，知識も確かに大事ですが，カウンセラーとしての人間性やセンスのようなものも大事だと思いました。このようなものは一朝一夕に身につけることはできませんが，そのぶん，誰でも一通りのトレーニングを受ければカウンセラーとして活躍できるようなトレーニング方法が必要だと思いました。つまり，クライエントの症状や状態を客観的にアセスメントして，クライエントに応じて適切な治療技法を選択でき，その技法に習熟して治療をおこなう，といったことで，人間性やセンスの部分はかなりカバーできるのではではないでしょうか。品質が保証されたカウンセリングが，効果を証明された心理療法をおこなうことで初めてクライエントの役に立てるのです。これから

必要なのは，このような科学的な臨床心理学だと思います。

　またカウンセリングをするのと同時に専門学校や大学でも臨床心理学を教えるようになり，「臨床心理学の専門書はたくさんあるのに，概説書はどうしてこんなに難しいんだろう？」と思いはじめました。おそらくそれぞれの専門の先生方が長年の経験を結集して書かれた賜物だからだと思います。しかし初学者にはそのような本の中で当たり前のように使われる専門用語はやはりむずかしく，何を言っているのかわかりにくいのではないでしょうか。そこで大学の一般教養として一通りの知識を学びたいと思っている大学生のテキストとして，ぐっと身近な話題に近づけ，最近話題になっているトピックも取り入れて，わかりやすいことばで書いてみようと思いました。

　この本の執筆にあたって，恩師である早稲田大学の春木豊先生には，心から感謝申し上げます。心理学のこともよくわからないのに生意気なことを言っていた大学生のときから大学院を修了するまで，ずっと温かく見守りご指導してくださいました。また，このような本を書く機会を与えてくださった川島書店の杉秀明さんにも心から感謝いたします。

著　者

著者紹介

山口　創（やまぐち・はじめ）

1967 年　静岡県に生まれる
1985 年　山口県立山口高等学校卒業
1991 年　早稲田大学人間科学部卒業
1996 年　早稲田大学大学院人間科学研究科修了
現　在　桜美林大学教授　博士（人間科学）　臨床発達心理士
著　書　『皮膚感覚の不思議─「皮膚」と「心」の身体心理学』
　　　　ブルーバックス
　　　　『皮膚という「脳」─心をあやつる神秘の機能』東京書籍
　　　　『人は皮膚から癒される』草思社
　　　　『新版　身体心理学』（共編著）川島書店　ほか
〔主な研究領域〕　人の身体には心理的な意味がたくさん含まれ
ています。身体を通して人の行動を一つ一つみていくと，その
人の心の状態と密接なつながりをもっていることがわかりま
す。最近はとくに，人に触れる行動（タッチング）を通して，
心の問題の解明に取り組んでいます。

よくわかる臨床心理学・第二版

2001年　4月20日　第一版第1刷発行
2016年 10月20日　第二版第1刷発行
2020年　2月21日　第二版第2刷発行

　　著　者　山　口　　　創

　　発行者　中　村　裕　二

　　発行所　（有）川　島　書　店

　　　　　　〒165-0026
　　　　　　東京都中野区新井2-16-7
　　　　　　　　　　電話 03-3388-5065
　　　　　　（営業・編集）電話 048-286-9001
　　　　　　　　　　　　FAX 048-287-6070

© 2016
Printed in Japan　　　　　印刷・製本　(株)シナノ